走进博物馆丛书

汉台聚珍
大汉源脉

漢中市博物館

陕西省文物局 编

西安地图出版社

图书在版编目（CIP）数据

汉台聚珍　大汉源脉：汉中市博物馆 / 陕西省文物局编．-- 西安：西安地图出版社，2020.5（2023.12 重印）
ISBN 978-7-5556-0639-0

Ⅰ．①汉… Ⅱ．①陕… Ⅲ．①博物馆－介绍－汉中 Ⅳ．① G269.274.13

中国版本图书馆 CIP 数据核字 (2020) 第 086000 号

著作人及著作方式： 陕西省文物局　编
责任编辑： 董兆昕　陈菊菊
书籍设计： 贺建林　袁樱子　薛　黎

书　　名　**汉台聚珍　大汉源脉——汉中市博物馆**
HANTAI JUZHEN DAHAN YUANMAI——HANZHONGSHI BOWUGUAN

出版发行　西安地图出版社
地址邮编　西安市友谊东路 334 号　710054
印　　刷　浙江经纬印业股份有限公司
开　　本　787 mm × 1092 mm　1/16
印　　张　9.875
字　　数　116 千字
版　　次　2020 年 5 月第 1 版　2023 年 12 月第 2 次印刷
审 图 号　陕 S（2020）057 号
书　　号　ISBN 978-7-5556-0639-0
定　　价　68.00 元

主　编：罗文利

副主编：贾　强　谭前学　蔡理华　韩小武

本册撰文：何　健　王景元　郭荣章　王大中　常　虹

本册图片提供：卢　辉

总序

陕西省文物局局长
罗文利

作为西学东渐的产物，博物馆在中国已经有150余年的历史。在今天，很少有人不知道博物馆，但当问到什么是博物馆时，恐怕绝大多数人未必答得上来或说得清楚。在汉代许慎编著的中国最早的字典《说文解字》中，“博”字被解释成“大、通也”，可引申为“众多”“丰富”等含义；“物”字则解释为“万物”，包含人为物和自然物两种含义。“馆”字在中国古代另一本字典《玉篇》中解释为“客舍”，后来逐渐引申为“公共建筑物”。所以唐宋以来，称专管或保存文物或讲论学问的公共建筑物为“馆”，如“昭文馆”“弘文馆”“史馆”等。“博物”两字连称，最早见于《左传·昭公元年》：“晋侯闻子产之言，曰博物君子也。”晋代张华收集古今奇异之物、奇境殊俗，编成了著名的《博物志》一书。据此，“博物”有博览万物、保存万物、精通万物之意，“博物馆”的意思就是保存、展出、研究万物的公共机构。而在西方，有关博物馆历史的著作，都一致认为博物馆（Museum）一词来自希腊文Mouseion，原意为“祭祀缪斯的地方”，从而将博物馆的起源，追溯到希腊神话中的缪斯（Muses）女神。据说缪斯是掌管历史、天文、史诗、情诗、抒情诗、悲剧、喜剧、圣歌和舞蹈等九个女神的总称，代表着当时希腊人文活动的全部。这一颇具学术意义的追本溯源，既给今天人们所熟知的博物馆蒙上了一层神奇的光环，更给博物馆增添了浓厚的文化学术色彩。

当然，以上所说，只是博物馆的字面意义。由于博物馆是在适应社会发展的历程中逐渐形成的具有多种功能的文化复合体，且其功能随着社会的发展仍在不断地发展变化，因此，博物馆的定义也在不断修改之中。自 1946 年以来，国际博物馆的权威组织国际博物馆协会曾对博物馆的定义进行了 8 次修订。目前比较公认的定义是 2007 年修订的，即博物馆是一个为社会及社会发展服务、向公众开放的文化机构，它为教育、研究、欣赏的目的征集、保护、研究、传播并展出人类和人类环境的物质及非物质遗产。实际上，国际博物馆协会对博物馆的这一定义只是国际上的一般性定义，不少国家还按照自己的国情给博物馆下了定义。

博物馆作为一个为社会及其发展服务的、向公众开放的文化机构，它究竟有着什么样的作用和地位，公众也有其独特的视角和认识，应该予以足够的倾听和回应。对此，美国盲聋女作家和残障教育家海伦·凯勒（Helen Keller，1880.6.27—1968.6.1）的看法也许能够代表公众对博物馆的认识。海伦在她那篇脍炙人口的散文《假如给我三天光明》中说道，如果“有三天视力的话”，她将会用一整天的时间“参观博物馆”“对整个世界，从古到今，作匆匆的一瞥。……看看人类所走过的艰难曲折的道路，看看历代的兴衰和沧桑之变”。作为一个盲人，在想象能看东西的短短三天里，海伦将花一整天时间参观博物馆的强烈愿望，真切反映了博物馆在海伦以及 50 多年前的美国公众心目中的地位，而她对博物馆的理解，则是对博物馆意义的最好解释。是的，今天，无论人们承认与否，博物馆已经成为人类昨天的脚印、今天的镜子和明天的根基，是人们认识自己及其生存环境最好、最直观的百科全书，是一个国家、一个民族历史文化和现代文明的形象代表。

值得高兴的是，随着经济社会和博物馆事业的快速发展以及个人文化素养的提升，在当今的中国，像海伦那样自觉走进博物馆的人越来越多，以致走进博物馆似乎正在成为一种生活方式和时尚。但是，也毋庸讳言，置身博物馆展厅、面对琳琅满目的展品，又有多少人真正看懂了展品、理解了展览？这有观众自身的原因，但更多的当是博物馆的原因，那就是太多的展览太过专业太过学术，让人无法看懂，且服务观众的方式也不够丰富多样。事实就是这样，虽然走进博物馆的人越来越多，但大多是“匆匆一瞥”“到此一游”，没有充分理解、利用博物馆这个可令人“大有所获”的地方。因此，要让走进博物馆真正成为一种生活方式，要让博物馆发挥更大的作用，博物馆及有关机构还有许多的事情要做。

陕西是中华文明最重要的发祥地之一，是中国历史上 14 个朝代，特别是统一强盛的周、秦、汉、唐王朝的政治、经济、文化中心，同时也是现代中国革命的摇篮和圣地。陕西境内现有的 300 余家博物馆则是全面反映、再现陕西悠久历史和灿烂文化的主要载体。与其他省、市相比，陕西博物馆的文物藏品不仅数量多、种类全、品位高，在工艺技术、艺术创造等方面代表了全国的最高水平，而且还因其无与伦比的典型性、序列性、完整性，充分体现了中国历史的源远流长和中国古代文明的博大精深，并由此而成为海内外观众来陕西旅游的首选。

为深入贯彻落实习近平总书记关于文化遗产保护工作的重要指示和中共中央、国务院办公厅《关于实施中华优秀传统文化传承发展工程的意见》，进一步加强陕西“彰显华夏文明历史文化基地”建设，充分发挥博物馆在传播、传承、弘扬陕西历史文化和中华优秀传统文化，培育和践行社会主义核心价值观的过程中的独特作用，满足人民群众日益增长的精神文化需求，坚定人民群众的文化认同和价值认同，陕西省文物局决定选取陕西历史博物馆、秦始皇帝陵博物院、汉景帝阳陵博物院、西安博物院、西安半坡博物馆、西安碑林博物馆、宝鸡青铜器博物院、法门寺博物馆、渭南市博物馆、延安革命纪念馆、安康博物馆、汉中市博物馆共12家收藏丰富、主题鲜明、影响重大的博物馆，与西安地图出版社合作编辑出版第一辑“走进博物馆丛书”。

与以往出版的类似图书偏重介绍馆况、陈列展览、单件文物以及器物之美不同，本套丛书重在深入挖掘文物藏品的内涵价值，以物说史，以物证史，以物串史，通过文物呈现历史文化，通过文物讲好陕西历史文化故事；具体编写时则根据各馆的性质定位，一馆一册，一馆一个主题。通过藏品和展览反映朝代文化或专题文化，让读者通过阅读本套丛书，既能了解各馆的特点、重要朝代（时代）的文明成就和历史地位、地域文化特色，又能感受到陕西历史文化发展的总体脉络和文明成就。可以说，如果您想如海伦·凯勒那样“看看人类所走过的艰难曲折的道路，看看历代的兴衰和沧桑之变”，这套丛书毫无疑问应当是您的首选。当然，我们更衷心希望本套丛书的出版发行，能让更多的人真正了解文物背后蕴含的思想理念、人文精神和经验智慧，为人们认识和改造世界提供文化积淀、智慧启迪、精神动力，让我们共同再创中华文化新辉煌，实现中华民族伟大复兴的中国梦。

馆长致辞

汉中市博物馆馆长

卢　辉

秦岭巴山之间的汉中盆地是一块历史悠久、资源丰饶、人杰地灵的沃土。黄河流域与长江流域文明在此交融生辉，孕育出南北融汇的汉水文明。汉中市博物馆贮藏了这个地域的历史记忆，荟萃着这个城市的物质文化：汉江两岸星罗棋布的新石器遗址，湑水河畔商代精美绝伦的青铜器，刘邦就国风云际会的诸多史迹，诸葛北伐三国争伐的纷纷扰扰，唐宋以降南北交汇的枢纽重镇……汉中多彩的历史文化必将给人们以启迪、以激励。

汉中市博物馆是依托“西汉三遗址——古汉台、拜将坛、饮马池”建立的集遗址保护、文物收藏、保管研究、展示教育、园林景观、文化旅游为一体的群落式博物馆。古汉台相传为汉王刘邦驻跸之地，经过历代修葺与完善，集储南北风格，被后世视为汉代基业的象征，高台园林建筑的佼佼者，素为汉郡之胜景。拜将坛是汉王刘邦拜韩信为大将的古坛场遗址，作为楚汉相争历史风云生发之地，昭示一种求贤若渴的胸襟，一种献身报国的精神，让中华文明历史得以威武雄壮地演进传承。饮马池又名“东湖”，相传汉王刘邦常常饮马于此，清代嘉庆汉中知府严如熤创建“三台阁”，与城东净明寺塔遥相呼应，“东塔西影”遂为汉中“八景之一”。以“西汉三遗址”为依托组建的汉中市博物馆，蕴含着地方历史遗产中的精粹，更应当广采博收，致力于文化建设。目前，汉中市博物馆为国家二级博物馆，拥有馆藏文物近万件，开辟有天汉古韵——汉中历史文物展，石门汉魏十三品、古褒斜栈道、馆藏宗教造像艺术、汉中近代革命史迹、韩信生平事迹等陈列，尤以全国第一批重点文物保护单位“褒斜道石门及其摩崖石刻”驰名中外。

本书通过三个章节对汉中市博物馆陈列展示内容的介绍，旨在贯彻习近平总书记“让文物活起来”的重要指示，充分发挥博物馆在弘扬地域文化，培育践行社会主义核心价值观的独特作用，带领观众走进博物馆，更好地展示汉中对外形象，提升“两汉三国　真美汉中”城市品牌，让更多的人了解汉中，热爱汉中！

目录

壹

天汉古韵

汉中历史文物展

第一章

天汉古韵——汉中历史文物展

汉中地处陕西省西南部，秦岭北立，巴山南卧，中部是汉江滋润的美丽而富饶的汉中盆地。据考古发掘，旧石器时代即有先民栖息；夏禹治水封其有功者居褒，始有褒国；《禹贡》称为梁州之地，巴人、蜀人杂处于南；周并入雍州亦称周南；春秋战国时期，汉中成为南北政权争夺的战场；秦始皇统一六国，汉中成为全国三十六郡之一；在秦末战争中，刘邦为汉王，励精图治、任贤用能，拜韩信为大将北定三秦，汉中成为汉家发祥地；东汉末年“五斗米道”广施仁政，汉中成为全国最安定的一块绿洲；三国著名的历史故事都能在汉中找到踪迹；南北朝时期，这里成为南北对峙的中间地带；唐代汉中是秦岭以南的政治军事重镇，设在这里的山南道几乎统管了唐王朝西南半壁河山；宋初的汉中地位显著，与西北等地开始了长时间的茶马互市；南宋初期面对金人南犯，汉中成为抗金前沿阵地，几次战役重创金军，保住了南宋半壁江山；明清时期汉中发生了多起农民起义战争，李自成、张献忠、蓝大顺、白莲教、太平天国西征军均在汉中驰骋拼杀。

目前，汉中市行政区划为 2 区 9 县，境内文物数量多、质量精、时代衔接有序。全市现有各级文物保护单位 282 处，其中全国重点文物保护单位 20 处，省级文物保护单位 83 处，市县级文物保护单位 179 余处。据全国第三次文物普查可知，全市现有不可移动文物点 4188 处，馆藏文物 23300 余件，

◎ 拜将坛　天汉古韵展厅外景照片

珍贵文物 2000 余件。

汉中市境内新旧石器时代遗址出土的石器、陶器、骨器等文物印证着这里文明的起源；城固、洋县出土的商周时期青铜器独具特色、器形多样、纹饰精美，集中反映了商周时期的青铜文化在汉中呈现的面貌；境内出土的秦汉时期珍贵文物，反映了当时社会经济的发展和文化传播状况，尤其是国之瑰宝“石门汉魏十三品”对于研究褒斜道历史和中国书法艺术具有很高的价值；唐宋时期精美的铜镜、栩栩如生的陶俑、雕刻精美的砖雕等文物都充分说明了汉中在南北交流中的重要地位；随着文化的交流，宗教活跃兴旺发展，明清时期的一批宗教造像，以精湛的艺术展示了汉中宗教的发展状况；近代汉中人文荟萃，留下了大量书画作品，见证了汉中地域的书画艺术发展状况和部分书画家在汉中活动的轨迹，学术价值和艺术价值很高。这些文物从历史、文化、政治、经济、民俗、宗教等方面，为研究汉中历史提供了珍贵的实物资料，多角度地反映了汉中灿烂的历史文化。

一、文明曙光——史前时期的汉中

汉中盆地是青藏高原向东推挤过程中与华南地块交接处弥散边界带的一部分，也是秦岭与大巴山—龙门山差异隆升区中间的新生代断陷盆地。汉中位于陕西省西南部，北依秦岭，南屏巴山，与甘肃、四川毗邻，中部为盆地。中国古代称为“江淮河汉”四大河流之一的汉江，流经汉中、安康和荆襄大地，汇入长江，成为长江最长、最大支流。自古以来，汉中就是连接西北与西南、东南的通道和辐射川陕甘鄂的主要物资、信息集散地之一。汉中

◎ 汉中地形图

景色秀丽，气候温和湿润，素有西北“小江南”和“金瓯玉盆”之美称。

汉水南岸的南郑区梁山，属大巴山余脉，主峰海拔1035米，山势主体由古生代海相地层石灰岩构成，基岩裸露，山坡较陡，顶端略平。这里的地质由前震旦纪花岗岩和震旦纪硅质灰岩，以及第四纪砾石、砂土构成，地层中古海底生物丰富，生物群组合特征明显。“石燕”是古代的腕足无脊椎动物，属于海生单体类，大多生活在200米以内的浅海地区，以肉茎或壳体固附着其他动物。它从寒武纪开始出现，中生代大量繁殖，中生代末期逐渐减少，少数延长至新生代。这里出土的石燕称为“梁山石燕”，旧时被誉为“汉中八景”之一。它的化学成分主要为碳酸钙，含少量磷酸及二氧化硅。石燕外壳体有圆形也有长形，常见的多为圆形，壳体向左右延伸时，逐渐收缩上翘开张，壳面具粗强的放射状褶线，状如燕翼，并有细密的壳纹。全身完整者形体如燕，非常美观。北宋洋州知府文同《梁山石燕》诗曰：“海底初生处，扶疏苦未全。几时随铁网，流落汉江边。”可见，宋代时梁山石燕已被人们广泛关注，成为汉中地质的活化石。

早在旧石器时代，在汉中这块土地上就生存着勤劳勇敢的原始先民。目前，在汉中市境内发现了南郑区龙岗寺遗址、西乡县李家村遗址、何家湾遗址等42处新旧石器时代史前文化遗址，这些遗址中发现了大量的新旧石器

◎ 梁山石燕

◎ 第一展厅——文明曙光

时代的石器、陶器等遗迹，从中可以领略史前时期汉中先民的文化面貌和生活状况。

龙岗遗址位于南郑区梁山镇爱国村，这里发现数量众多、类型齐全的新旧石器遗址，是陕南重要的古人类文化遗址。龙岗寺遗址发现的旧石器遗址位于龙岗寺西侧约 10 米，遗址东西长 300 米，南北宽约 80 米，出土有旧石器时代遗物和动物化石，在文化堆积层之上，分布有龙山文化遗迹。旧石器地点群第 3 地点位于汉江右岸第四阶地，出土不同类型石制品 4441 件，地层堆积形成于距今 120 万至 70 万年间，属早更新世晚期至中更新世早期阶段。南郑梁山龙岗旧石器遗址是我国目前为止发现的为数不多的超过 100 万年的旧石器时代遗存，这证明汉水流域也是中华远古文明的发祥地之一。

2017 年以来，科研人员在南郑区梁山镇南寨村附近新发现疥疙洞遗址。考古发掘证明，该洞穴被人类作为居址长期利用，保留了距今七八万年至一万年人类化石和丰富的文化遗存，这是中国南北过渡地带秦岭地区首次发掘出土的早期现代人化石，为研究现代人在中国境内的扩散与时空分布

◎ 2017年龙岗遗址考古发掘现场

提供了十分关键的材料。遗址的发现填补了汉水上游旧石器时代文化的空白，表明汉中是连接中国南、北旧石器文明的重要节点。

学者在对龙岗手斧与阿舍利手斧的对比中，发现了一个比较有意思的现象。阿舍利手斧属于非洲和欧亚大陆西侧旧石器时代早期阿舍利文化类型的工具。这种工具两面打制，一端较尖较薄，另一端略宽略厚，呈泪滴等形状，由于它左右两边和正反两面基本对称，由此被公认为人类历史上第一种标准化加工的重型工具，它代表了古人类进化在直立人时期石器加工制作的最高技术。2011年，陕西洛南县出土了一批阿舍利手斧，更加确定直立人时期石器加工制作的最高技术在中国境内存在。

◎ 龙岗手斧

龙岗新石器时代遗址位于龙岗寺东侧50米左右，东西长约150米，南北宽约50米，遗址总面积7500平方米。1983—1984年由陕西省考古研究院组队发掘，遗址以老官台文化李家村类型、仰韶文化半坡类型为主，零星分布有仰韶文化庙底沟类型和龙山文化遗迹，最重要的是揭露出一处完好的新石器时代墓地，因其延续时间较长，分布集中，随葬丰富，对我国新石器时代考古具有重要

◎ 阿舍利手斧

的资料价值。

李家村遗址位于汉中市西乡县城西南2千米的葛石乡和平村。出土文物大致分两类：一为石器类，其特征以磨制为主，打制次之，磨制的器物有石斧、石锛、石铲、砥砺器（磨刀石）等，打制的石器主要是刮削器。二为陶器类，其中圈足碗、三足器、平底钵以及扁平磨光双弧刃石铲等，最具有新石器时代文物的代表性。陶器内黑外红，以夹砂灰白陶为主。陶器上的饰纹，多为线纹、绳纹或锯齿状。此外，还发掘出墓葬区1处，瓮罐葬2个，房屋遗址1处，柱洞数个。屋为圆形，门向南开，屋后背水，室内地面夯烧坚固，室中有烧陶之窑迹，室外有残陶窑坑和灰坑，并有鹿角、兽骨等，遗址文化具有新石器时代早期文化的特征。

何家湾遗址位于西乡县城东北5千米处的古城镇三合村，北距铁路2千米，位于泾洋河右岸河旁二级阶地上。从1980年10月至1982年11月，考古发掘选取了何家湾遗址的东南和西北两个部分，发现了汉代墓葬、仰

◎ 水波纹陶壶

新石器时代，高14.5厘米，底径3.5厘米。西乡何家湾遗址出土壶头形如算盘珠，长细颈，腹颈相接处多有一道平台状窄肩，圆腹或腹下部弧收，小平底

韶文化半坡类型、老官台文化李家村类型的文化堆积层。

西乡县何家湾遗址是继李家村遗址发掘之后，在汉水上游所发掘的又一处新石器时代遗址，也是汉水上游发掘的第一个以仰韶文化遗址为主的新石器时代遗址，为研究仰韶文化半坡类型的分期、原始农业与生态环境、汉水上游与其他地区新石器时代文化的关系等问题，提供了较为丰富的资料。它们从地层关系上证实了李家村类型遗存早于仰韶文化遗存，证实了

◎ 何家湾遗址南区

夏鼐先生“李家村遗址的发掘是探索仰韶文化的前身的一个较可靠的新线索”的推断。首次揭示了汉水上游新石器时代文化发展序列：老官台文化李家村类型——仰韶文化半坡类型——龙山文化。

李家村遗址、龙岗遗址、何家湾遗址是汉中最有代表性的史前遗址，从地层顺序和碳-14测定年代上证实了老官台文化李家村类型早于仰韶文化，龙岗遗址揭露出的一处基本保存完好的氏族公共墓地，为研究仰韶文化半坡类型时期墓葬布局、埋葬习俗、社会经济及社会组织提供了重要的新资料。何家湾遗址稻壳印痕的发现，说明7000年前汉中先民已种植水稻。这些发现，从考古文化上证明了史前时期，黄河流域文明和长江流域文明在汉中的交会。汉中境内发现的新石器时代遗址是仰韶文化在该地区的延续，新石器时代先民开始了定居生活，这一时期的生产技术已有了极大的提高，通过对汉中地区新石器时代遗址文化遗存的剖析，证明其文化受渭河流域的老官台文化、仰韶文化半坡类型和庙底沟类型、中原龙山文化的影响较大，但也在一定程度上与长江流域的大溪文化、早期巴蜀文化有一定的联系。

二、方国风云——商周时期的汉中

据文献记载，汉中境内最早的政权是褒国。夏建立以后，为控制这一地区，封有褒氏在这里建国。有褒氏依夏制建国，推行夏文化。殷商灭夏，国归于商。至周代，更名为褒国，隶属周。直至前750年，褒国为庸国所灭，其地域皆归庸国，立国1500余年。褒国历经夏、商、周三代，政治、经济、军事力量均有所发展，在三代更替中立而不亡，其原因就在于三代统治者都欲以它来控制巴蜀的经济、交通要冲。由清华简《系年》所记褒国历史与孚公甗、公宅父匜两件铜器互证，说明褒国是历史上真实的存在。

商代，汉中属褒国（汉江以北）及古蜀国（汉江以南），是蜀北方军事重镇，也是殷商向西南扩张的前沿阵地。近几十年间在城固宝山遗址、洋县交界的湑水河下游沿岸发掘出近千件蜀式铜戈、铜人面具、兽面具，这批青铜器具有和四川三星堆青铜器相似之处，这说明至少在商代，汉中与成都平原已有了联系。周武王伐纣，褒国及庸、蜀、羌、髳、微、卢、彭（巴）、濮等族人随从周武王伐殷，为“友邦冢君”，当时汉中为巴、髳、

◎ 第二展厅——方国风云

微、羌、蜀杂居之地。两周时期，汉中之地几易其主，原因就在于其重要的战略地位。

宝山遗址位于陕西省城固县北 4 千米的宝山镇宝山村，地处秦岭南麓余脉南端一块凸起的山包上，其南有湑水河自西折向东南流过，遗址面积近 5 万平方米，文化内涵丰富，包括仰韶文化、龙山文化、商周文化等遗址，但以殷商文化遗存为主，是目前长江、汉江流域发现的遗存最丰富的殷商遗址。通过遗址的发掘证明，二里岗时期商文化在往西推进时，也曾向南推进，也说明早期巴文化分布位置至少达到汉水上游地区，证明较早的一支巴人曾在秦岭南麓湑水河沿岸城固地区驻足，联合式控制当地土著，发展经济、军事、文化，谱写自己的历史，宝山一带则有可能是其政治中心所在。宝山遗址中的烧烤坑为全国仅见，地方特征鲜明。大量出土的陶器、陶片为研究殷商文化在长江流域、西南地区传播提供了科学标尺。宝山遗址殷商遗存，与长江三峡同期文化遗存对比，可以初步判定它与当时的巴人有着密切关系。

汉中盆地的城固和洋县境内，历年来有多批商代青铜器出土。以城洋铜器群所代表的文化面貌，构成商代一支地方特点明显的族群文化现象。据研究，这支青铜文化所代表的族群应与早期巴人的一支有关。这些青铜器中的三角援戈、钺、人面饰、兽面饰、璋形器、弯形器、矛、鸟形饰、尖顶泡、透顶泡和少数具有地方特点的青铜礼器，是城洋铜器群中最有地方特色的器物。

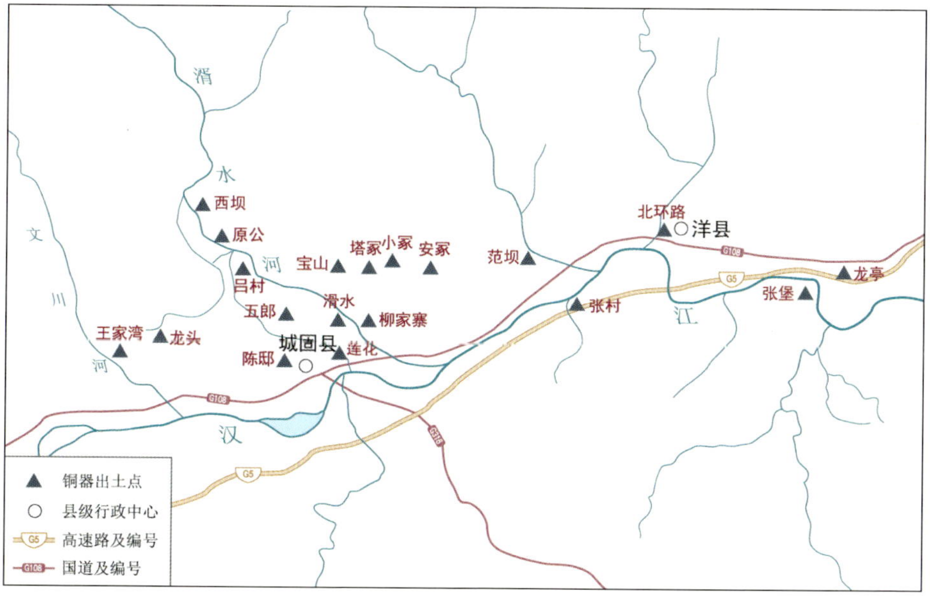

◎ 城洋青铜器分布图

兽面纹瓿（bù），直圆口，短颈，广肩，鼓腹，矮圈足。颈部饰两道弦纹，肩部为云雷纹，其中均匀分布九个乳钉，腹部有三组饕餮纹，鼻子为扉棱，眼睛为乳钉，每组饕餮纹之间有两个小乳钉，圈足部分由三组饕餮纹组成，器物铸造精良，厚重大气，纹饰精美。汉中城洋青铜器群中出土青铜瓿十余件，此件为其中之一。瓿是商代中期至晚期的一种青铜容器，根据其发展变化可划分为早、晚两个时期，早期相当于二里岗上层偏晚至

◎ 兽面纹瓿

商代，口径25厘米，高32.2厘米，底径24.3厘米

◎ 尖顶泡

◎ 透顶泡

殷墟早期的商代中期，晚期则相当于商代晚期的殷墟中期，它流行于长江流域，这表明汉水上游与长江流域的文化交融。

青铜泡是城洋青铜器中数量较多的兵器，分为尖顶和透顶两种，考察和城洋铜器群文化关系紧密关联的宝鸡西周竹园沟强国墓地发现，这些墓地近半数以上的墓葬均出有透顶铜泡，其形制与城洋透顶铜泡基本相同，出自棺内墓主人下腹部，有一定的排列规律，相当一部分的平沿小孔内存留丝线缝缀痕迹，泡壁沾有明显的织物印痕，推测这些透顶铜泡很可能是墓主衣服上的一种配饰，或是作战防身用的甲饰。竹园沟强国墓地还发现有 12 件盾的遗迹，以大铜泡配以其他铜饰作为盾饰。因此，泡作为甲衣的附着物和盾饰，用途十分明显，透顶泡和尖顶泡用途差别不大。同样器物铸有铭文的考古发现有河南浚县辛村卫国墓地和琉璃河燕国墓地，辛村卫国墓地的泡类物铸铭为“卫”，琉璃河燕国墓地铸铭为“燕侯舞昜”，数量较多。李学勤先生指出该类器物当时自名为“鍚（yáng）”。尖顶与透顶泡为城洋青铜器群中个性突出的器物，数量如此之多，反映出当时社会的生产能力和军事规模。

城洋青铜器中的青铜人面具形似人面，眼睛、鼻子和嘴巴都是镂空的，面具正面凸起，背面光滑内凹，制作都较为精良，额头和耳朵处有铸孔，可穿系绳子佩戴于人面部，人面具额头上的铸孔多有豁口现象，应为长期使用磨损所致，表明这些面具经常使用。人面具可能是巫师主持祭祀仪式或巫术仪式时佩戴的面具。

◎ 人面具

青铜兽面具，正面凸出，背面平整，整体造型为牛首，眼、鼻、口均未镂空，背面大体呈平面状，不适合佩戴于人面部，它应该是附着固定在某物体上的饰件。兽面具代表着城洋地区居民崇拜的图腾，它固定于某物之上供人们膜拜，表明这个族群承袭了商人重巫、重祭的传统，也是城洋地区先民们精神文化的重要体现。

◎ 兽面具

青铜弯形器，因外形似镰刀也称“镰形器”，共出土 43 件，形制基本相同，皆为弯形，仅弯之弧度有别。有学者推

◎ 青铜弯形器

测，这是当地先民为适应山地作战而制作的“军镰”，“能割、能砍、能挂、能推、能钩，是商人在山中劈荆开路和攀援用的一种工具”，但其“刃缘不利，銎孔浅而小”，难作实用之器。赵丛苍教授认为“似非实用之器，而作为一种象征性器物用于仪仗或祭祀的可能性较大”；李学勤先生指出“这种器物下端有銎，可插入长柄，我颇疑为像乐舞时所执用的羽”，即是举行文舞活动中羽舞的用器，类似羽类的饰物，其使用方式上也可能就是以手执器物末端或柄具，象征羽毛的道具，这种说法最为可信。

城洋地区出土的种类丰富、制作精良的青铜礼器与实用青铜兵器，埋藏地点多为高出地面的土台，出土时有的器物放置有序，宝山商时期遗存发现了高等级礼仪性的大型建筑，种种迹象表明汉中盆地在商代是汉江上游一个重要政治、祭祀中心，那些埋藏铜器的地方就是祭祀场所，城洋青铜器则是祭祀用具。以城洋商代青铜面具为代表的城洋青铜器蕴含的深邃文化和远古密码，远远不止这些，有待我们依据考古新发现和民俗遗产继续认识、挖掘、探索。

西周时期，褒国雄踞秦岭以南，主持旱山之祀，为汉水上游南山各诸侯国的领袖。《诗经 · 大雅 · 旱麓》便是对这一宏大祭祀场面的描述。前779年，褒人“有罪”，幽王伐褒，褒君献褒姒赎罪，褒姒入镐京，生子伯服，地位日渐显赫，故幽王立褒姒为后，立其子伯服为太子。前 771 年，幽王被申侯连结犬戎杀于郦山，居住在今陕西渭南市华州区一带的部分郑国人为躲避犬戎侵略，向南逃至汉中市区一带，并聚居在此，因与秦人有乡党之谊，便以“南郑”来命名。春秋战国时，汉中境内为南郑地，战国中期南郑是秦蜀争夺的要地。前 451 年，秦“左庶长城南郑”，为南郑建城之始。周显王之世，楚在今安康一带置汉中郡，汉中之名，始见于史籍。

三、大汉源脉——秦汉时期的汉中

商鞅变法后，秦国逐渐强大，横扫六合，建立了疆域广袤的秦帝国。汉中成为全国三十六郡之一。前 206 年，刘邦被项羽封为汉王，“王巴、蜀、汉中，都南郑”。刘邦在汉中励精图治、任贤用能，拜韩信为大将，明修栈道，暗度陈仓，北定三秦，拉开了楚汉相争的序幕，最终夺得了天下，汉中遂成为汉家发祥地。汉中开汉业，汉中多人杰。丝绸之路的开拓者张骞，汉中郡成固（今城固）人，两度出使西域，打通了汉朝通往西域的道路，将中原文明传播至西域，促进了东西方文明的交流。中国古代造纸术发明人蔡伦被封为龙亭侯，在今洋县。东汉时期著名的中正耿直的大臣李固，汉中城固人，被称为“北斗喉舌”，高洁的风范和节操，对中国人文精神产生过重要的影响。

◎ 第三展厅——大汉源脉

汉高祖定都长安后，任田叔为汉中郡太守，利用汉水及其他大小河流进行灌溉，发展以稻、麦、粟为主的农业生产。西汉初又修萧何堰（山河堰），以后的历任汉中太守和县令亦有兴修水利之举，对汉中农业发展都十分重视。西汉时期先进的种田法和生产技术、铁农具和牛耕等均已在汉中郡推广，汉中当时已成富饶的“天府之国”的一部分。汉中富庶的农业经济在秦汉时代长期分担了饥荒与战争带来的灾难，缓冲了社会危机，从而对秦汉王朝的稳定与强盛作出了一定的贡献。

汉中是关中与巴蜀的咽喉，秦汉时期对这一地区的统治十分重视。汉中境内古道，北通关中，南达巴蜀，西连陇南，东下荆襄，在中国的交通史上占有重要地位。尤其，褒斜道是世界上最早的栈道，为古代巴蜀通秦川之主干道，一直是军事和经济、文化交流的必经之道，蜀汉丰富的物资源源不断地运往关中，长安三辅地区发达的文化传入蜀汉，发展了南北经济贸易，促进了文化交流。汉中境内汉墓出土的大量陶俑、陶陂池、陶井、陶仓、陶厕等器物，造型独特、构思巧妙，反映了当时人们的基本生活方式和经济水平。

汉中南郑龙岗寺遗址汉墓出土的玉鸠杖首，凸眼钩喙，束翼伏卧，作回首梳理背羽状。新疆和田白玉质地，显青色，有土锈痕及多处不同程度白沁，用镂空及双线阴刻浅浮雕技法勾勒线条，造型美观，流畅自然。颈、背、尾、翼部“油丝毛雕”技法刻画的羽毛若隐若现，生动自然。玉鸠底部凹刻圆孔，插孔镶嵌作用明显。结合墓葬形制、随葬器物及同期周边墓葬进行比较，判定为西汉时期墓葬。玉鸠应为西汉初期的杖首装饰，它位于墓主“小腹部”，应为握持于手中，墓主经鉴定系 20 多岁男性。因此鸠杖不是陪葬给老人的寿杖，应为代表权力的王杖，可见墓主人在当时具有很高的社会地位。

◎ 玉鸠杖首
长4.9厘米，高2.6厘米，宽2.4厘米

1978 年出土于勉县老道寺镇东汉墓的泥质灰陶四合院建筑模型，由 19 个单体组成，分主体庭院和偏院两大部分，包括门庭、院墙、左右厢房、正院以及偏门、佣人住房、牲畜圈、猪圈、鸡圈，其中主体庭院是主人的活动场所，偏院是佣人住房和饲养禽畜之地，其组合有序、结构严谨、主次分明、布局错落有致，是陕南地区唯一的较为完整的汉代四合院建筑模型，为研究汉代庄园经济及中国古建筑发展提供了重要的实物依据。

◎ 陶四合院模型
高55.2厘米，占地126平方厘米

◎ 细线錾刻纹铜樽
通高31厘米，直径23厘米

馆藏细线錾刻纹铜樽，博山盖，盖上浮雕山峦，盖顶中部竖立一只朱雀。筒形器身，深腹直壁，外壁上三道带状环箍绕，两对称饰衔环铺首、蹲熊形三足。器物通体錾刻细线纹饰，刻画出连绵山峦，云气缭绕，山顶朱雀展翅，龙、凤、犬、兽等各类动物山间出没，或张牙舞爪、或追逐跳跃，两位羽人跃跃欲飞的仙野境界，图案生动细腻，极具神韵。器物造工精良，纹饰细腻，是目前国内少见的东汉青铜器珍品。铜樽纹饰图案以鸟兽为主，铺以几何纹饰，布局精妙，线条自然，它对于汉代青铜器铸造、錾刻工艺、美术思想、社会风俗方面有着极高的研究价值；无论是从博山盖精湛的模铸，细线錾刻等制作工艺，还是从富丽堂皇、栩栩如生的动物神兽纹等装饰内容上看，都代表着汉代青铜艺术的巅峰，它不仅为铜樽的发展演变提供了珍贵的实物资料，而且反映了汉代社会生活诸多方面的信息。

汉中的汉代墓葬多有陂池的出土，主要分为有水田连体陂池和单体陂池两大类型，陂池是在自然坡地筑堤蓄水浇灌农田的池塘、沼泽。我国兴修陂池的历史很早，传说夏禹治水时，曾从事“陂九泽”的工程。利用地势蓄水灌溉，在古代较为普遍，尤其汉代，陂池工程在汉水、淮河流域得到较大发展，位于汉中武乡铺镇一带的王道池、下王道池、草池、月池、顺池和南江池，史称汉中六大名池，据留存古代碑刻记载皆“始于汉初”，至今仍在发挥蓄水灌溉作用。

陂池模型是汉代汉中人民在发展农业生产中利用水力资源的智慧结晶。陂池养鱼、种藕、种菱角、养龟，不仅可提高农民的经济收入，丰富人们

◎ 红陶质地

呈长方形，长60厘米，宽36厘米，高9厘米，一边为水塘，另一边为水田，中间横隔一坝，坝中部安装有闸门，出水口为拱形洞，提升式平板闸门，升降启闭闸门就可以控制水量。池底有菱角5个，青蛙4只，田螺5只，鱼6条。“十”字形田埂将田分为四块，一条田埂正对闸门，表示水出闸门后可以向两旁田间分流

◎ 红陶绿釉

长方形，长39厘米，宽31厘米，高8.5厘米，内有田螺、龟，内侧三面有鱼，另一面中间留有小孔，应属排水用途

的食物来源，还可以起到美化环境、净化水质的作用，青蛙、田螺自由生存，起到平衡自然生态的作用。这与现代发展农业循环经济的稻田养殖有相同之处。由此可见，陂池作为汉代水利工程的缩影，是古代劳动人民在长期治水实践中利用自然地理条件，因地制宜创造的灌溉引水工程杰作。汉中考古发掘出土的陂池模型，作为一种水利设施的明器陪葬，既是墓主生前财产、地位的象征，又反映了汉代汉中农业发展的模式，成为汉代汉中水利发展文明进程的实物见证。

汉代绿釉陶厕，红陶质，通体施绿釉，悬山式屋顶，山墙正面开双门，双门之间有墙隔，设两台阶，上下便利；屋内以屋脊为中线用隔墙将室内一分为二，分别为男厕、女厕，说明汉代人对卫生条件颇有要求。

◎ 绿釉陶厕

高40厘米，长22.5厘米，宽15.5厘米，出土于汉中城东季丰村

在墙体左右两侧各置有圆形门窗，用以通风透气；地面各开有通往地下的长方形孔，孔两侧有垫脚砖，四角下方塑四方足，使陶厕悬空，基本完整。绿釉陶厕作为单体如厕使

用，并未与猪舍相连的建筑形制也较为讲究，通风、蹲位等设施完善，表明墓主人生前有较高的社会地位，反映了汉代汉中社会生活的文明程度。

摇钱树是我国西南地区东汉中晚期墓葬中常见的一种明器，也有专家认为它是富豪人家日常供奉祭拜的一种求财赐福的吉祥之物，据说主人死后才随葬于墓中，供其在“天界”继续享用。

摇钱树系由上古时的“神树”崇拜演化而来，如扶桑、若木、桃都、建木等，都是可通天地的神树。四川三星堆出土的青铜神树，可认为是汉代摇钱树的远祖。摇钱树的出现，有特殊的文化与社会背景，是东汉时期西南地区仙道巫术与宗教信仰融合的结果。它着力表现当时的人们生前冀求富贵、长命，死后又能飞升成仙，继续享乐荣华富贵的思想意图。希望通过摇钱树，为死者的灵魂铺就一条进入天界的坦途。同时，它的产生也和东汉统治阶层尊崇儒术、提倡孝悌密不可分，豪门望族、达官显贵为争孝名而崇尚厚葬，并极尽奢华。因此，摇钱树多出土于规模较大的崖墓或砖石墓中，而在一般的汉墓中绝少发现。从汉中出土的摇钱树座和残存的树干、树枝图案造型来看，其与西南地区出土的大多数摇钱树所表现的内容相近，反映出汉代民间荣华、富贵、乞财、祥

◎ 摇钱树座

覆盆形红陶褐釉，上有可圆雕卧熊一只，其间浅浮雕有白虎、青龙、朱雀、灵龟、天马、瑞狗、瑞兔、蜈蚣等动物，1985年4月出土于汉台区铺镇砖厂

瑞、驱邪、升仙等文化思想内容，表明西南丧葬习俗中的一些观念与仪轨，被当时汉中地域的民众接受与认可。

博山炉香薰由盖、炉身、底盘三部分组成，盖作博山形，镂孔，铆合于炉身，可翻动。炉口略敛，浅腹，外壁一圈弦纹，竹节形承柱，中饰柿蒂，立于承盘中央。“博山炉”一名始见于《西京杂记》，是中国汉、晋时期民间常见的焚香所用的器具。博山造型熏香炉的出现，与秦时期神仙思想的盛行及人们对山的崇拜有着极为重要的联系。神仙居住的仙山是一种幻想，可想而不可至，但是在现实生活中设计制作代表仙山意向的器物却不是不可能，博山式熏炉应运而生，造型多为高耸的山形炉盖，上层峦叠嶂，飞禽走兽穿梭其间，而出烟孔往往依山势而镂空，制作精美的还将镂孔隐匿在山峦之间。当香料在炉腹内熏燃时，山峰笼罩在淡淡的香烟之中，犹如神仙居住的仙境，充分反映出汉代人们的思想观念与审美意趣。

同墓出土的耳杯形灯，盖分两半，后半与盒身同时铸成，前半分铸。以枢

◎ 博山炉香薰

高21厘米，直径17厘米，上口径7.5厘米，1985年出土于汉中市汉台区铺镇砖厂

◎ 耳杯形灯

底盘长7.5厘米 高8厘米，椭圆形，身如耳杯而带盖，1985年出土于汉中市汉台区铺镇砖厂

轴与后半贯连，可以启合，翻转反置成为灯盘，中心有支钉，可以储油、插灯芯点燃照明，用后将它反折回来则成一器物，未用尽的灯油随之流回盒内。

《贞松堂吉金录》所录此型的“内者灯”，铭文中就自名为行灯，这一类型的灯具以耳杯形为主，也有牛、羊、犀牛等动物造型，其中羊灯象征吉祥如意，也有将杯形灯与卮形灯合并，上面是杯形灯盏，下面是卮形样式。这种灯又称盒子灯或辘轳灯，辘轳指的是有转轴的汲取井水的器具，将之称为辘轳主要是指它们具有活钮、转轴这一结构。此灯小巧精致，反映出汉代人物质生活的文明程度。

《水经注·沔水》载，“南郑大城周四十二里，城内有小城，南凭津流，北结环雉，金镛漆井，皆汉所筑”。20 世纪 80 年代以后，先后在汉中城区内西区七次发现连片古水井群，出土汉代砖井大型陶制水井圈、下水管道、汉砖汉瓦等，证实汉城与今城同址。东汉光武六年（30），郡治迁至今汉中城区，从此汉中成为陕南的政治、经济和文化中心。因而，在这一时期汉中境内墓葬较多，出土文物丰富，反映出当时社会的状况和经济水平，更在文化观念、宗教思想、物质生活等方面，反映出这一时期汉中历史的面貌。

四、三国记忆——三国两晋南北朝时期的汉中

建安五年（200），身为汉中“督义司马”的张鲁，自封为汉中太守，改汉中为“汉宁”，正式建立起政教合一的政权。在张鲁政权统治期间，关中和陇西的贫民迁入汉宁地区者数万家，促进了汉中经济、文化的发展。三国时期，汉中因地处关中、巴蜀两大经济区域之间，道路汇集，地形险要，又拥有丰富的自然资源，利于镇守或出击，成为蜀、魏激烈争夺的战略要地。建安二十年（215）张鲁降操，曹操遂有汉中。建安二十三年（218）刘备进

屯阳平关（今陕西勉县西），与曹军守将夏侯渊争夺汉中。建安二十四年（219），夏侯渊被黄忠斩于定军山，蜀汉据有汉中。诸葛亮 8 年间先后兵出汉中，对曹魏发动五次北伐，因此汉中留下的众多具有历史价值的文物古迹，至今为人称道。

◎ 第四展厅——三国记

“古阳平关”位于勉县城西约 6 千米处的武侯镇武侯村与莲水村之交界处，今称老城，古名白马城、浕城。阳平关遗址平面略呈方形，城墙原内夯筑，外包砖，现存西墙、南墙，总长约500米，西墙南端现存有砖砌西门，券顶已毁。东城门原建有城楼，上有冯玉祥题“古阳平关”木匾，并立有清代“古阳平关”石碑。此地三面环山，两面临水，向东延伸是一马平川的汉中盆地。关东南、东北分别与定军山、天荡山互成犄角之势，山川形胜地势险要，交通便利。曹操降张鲁得汉中后，留夏侯渊与张郃镇守汉中。夏侯渊驻军定军山，张郃驻守阳平关。建安二十三年（218）先主刘备取汉中屯兵阳平，与夏侯渊相距。建安二十四年（219）刘备自阳平关南渡沔水，老将黄忠斩魏将夏侯渊于定军山。建兴五年（227）诸葛亮出屯汉中，营于沔阳阳平石马。古阳平关在汉代至南北朝时期称为关城、白马城，明清时期在此设立沔阳，历史上是秦、蜀间的军事要隘和商旅的必经之道，也是汉中盆地的西北门户。

勉县武侯墓是三国时期杰出的政治家、军事家诸葛亮的归葬之地，位于陕西省汉中市勉县城南5千米处的定军山下。蜀建兴十二年（234）八月，诸葛亮因积劳成疾，病卒于五丈原军中，临终“遗命葬汉中定军

◎“古阳平关”遗址

山，因山为坟”。武侯墓占地 321.5 亩（约 214333 平方米），墓前古庙始建于蜀汉景耀六年（263）春，历代屡加修葺，规模较大者数唐、明、清三朝。今庙系清嘉庆七年（1802）修建，东西长约 120 米，南北宽约 130 米。庙门前有照壁、小溪、土岗，庙前有乐楼，山门悬挂“武侯墓”匾额。南北厢房檐下，明、清碑碣林立。正殿高大宏敞，高悬“万古云霄”匾额，其下诸葛亮坐像，两旁书僮侍立，一持剑、一捧印；关兴、张苞，各持令箭侧身侍立。殿后大冢为诸葛亮之墓葬，冢高 6 米，周长 60 余米，呈覆斗型。四周砌以八卦形花格砖墙，墓东西向，头西脚东，取“永怀西蜀，兴复汉室”之意，墓在庙的中轴线上，墓前有亭，亭内有明万历二十二年（1594）

◎ 武侯墓山门

陕西按察使赵键和清雍正十三年（1735）果亲王所立墓碑，悬“双桂流芳”匾额。墓后有汉桂2株，谓“护墓双桂”，树高19米，秋高气爽之际丹桂飘香。墓园内原有古柏54株，喻诸葛亮在世之年。现存22株，每株高约30米，直径都在1米以上，经碳-14鉴定，有的柏龄1700多年，应系埋葬诸葛亮时所植。《三国志》记载，景耀六年（263）秋，魏镇西将军钟会征蜀，至汉川“遣人祭亮之墓”，令军士不得于亮墓左右樵牧，故有“水咽波声，一江天汉英雄泪；山无樵采，十里定军草木香”之题。

刘备初为汉中王设坛处，是汉中境内三国历史遗迹之一，在勉县城东3千米高潮乡旧州铺。东汉建安年间，刘备并刘璋，北定汉中驻军于此。《三国志·先主传》载：“建安二十四年（219）秋，先主（刘备）为汉中王。遂于沔阳设坛场，陈兵列众，群臣陪位，读奏讫，御王冠于先主。”原坛址早已湮没，城门顶端曾有“沔阳旧址”“昭烈故都”砖刻门匾，今已不存。当年，刘备称汉中王，设坛场，隆重举行称王大典，为进一步称帝，建立蜀汉政权奠定了基础，故后人称这里为“兴刘寨”。元朝至元二十年（1283），沔州治由略阳迁于此。明洪武四年

◎ 刘备初为汉中王设坛处

◎ “黄初七年”铭文弩机
箭箱长13.3厘米、宽4厘米，望山高6厘米、下柄长7厘米，前后栓帽为方形

（1371），沔州知州王昱又徙州治于西山谷口，将原治所改为“铺”，故称“旧州铺”，相沿至今。

“黄初七年”铭文弩机，1984年出土于勉县温泉乡牟营砖厂，弩机铜质，完整无损。在箭箱上面的右边尾部，阴刻有三行文字，一半已剥蚀难识，据其字距来看，第一行11字，第二、三行各为8字。铭文：“黄初七年六月一日，□监作吏箫诗已，□师张信耳师造□。”在箭箱右侧，阴刻有“才廿二”3字。“黄初”是三国魏文帝曹丕的年号，黄初七年即226年。三国时期，汉中一直是魏、蜀争夺的军事要地。自蜀夺取汉中至景耀六年（263），魏灭蜀之前的44年中，汉中始终归蜀所辖。因此，这件魏国“黄初七年”弩机在今勉县城东南5千多米的温泉牟营出土，其来历很可能是蜀汉北伐期间缴获的战利品，也可能是景耀六年魏灭蜀时所遗兵器。

2000年在修宝成铁路复线宁强阳平关段时，工地意外发现一个魏晋墓葬，共出土27件文物，其中以一棵摇钱树最具代表性。摇钱树为青铜质地组合件，由树干、枝叶构成，立于一砖型底座上，树干表面浮雕5个人物形象，树冠共分8层，由下往上1至6层每层向东、西、南、北4个方向各出一枝，呈对称分布，树枝造型由圆孔五株钱币与凤凰尾翼组合而成；树干与树枝连接处均有榫卯接口，可拆卸、易组合。造型精美，层次丰富，工艺精良，主题突出，刻画细腻，富有立体感和空间感，是目前汉中市乃至西北地区现存摇钱树中层次较丰富、保存较完整、工艺较复杂的一株。

◎ 摇钱树
通高114.2厘米，宽87厘米

摇钱树是流行于东汉、三国、两晋时期的中国西南和西北地区的一种具有浓郁地方特色的随葬明器，是一种文化积淀深厚、多重内涵交织、独具地域特色的特殊文物。它产生于汉魏商品经济繁荣的时代背景下，体现了当时人们对财富和长寿的憧憬、向往与朴素追求，同时也反映了东汉至三国两晋时期西南地区青铜制作技术的水平。

南北朝时期，地处汉水上游的汉中地区成为一个重要的人口集散地，关陇和四川地区的流民大量迁往汉中地区，汉中侨置有北阴平、南阴平等郡。人口的大规模迁徙必然带来文化的传播，汉中地区既受到长江中上游地区南朝因素的影响，又受到鄂北豫南地区南北并存的文化风格的影响。汉中崔家营南朝墓是这一时期的重要墓葬，1977 年 1 月村民改土造田发现此墓，墓葬为砖券墓，平面呈“土”字形，由前后甬道、前后室构成。出土陶俑 73 件，青灰陶，合模制作。头和身体由铁芯连接，铁芯直插俑座盘内。俑体先涂白，文吏、武官、兵士等俑的头部也涂白，然后上彩色。将军俑 1 件，置前室中央，头戴兜鍪，肩披帛。

汉中崔家营墓是长达 7.6 米、四壁内弧的前后室墓，这种形制不见于同时期的其他地区。墓砖的花纹十分精致复杂，有叶脉、莲花、忍冬、武士等，类似的墓砖在长江中游地区多有发现。随葬品可以明显分为三类：一类具有南方特点，为青瓷器，如盘口壶、碗；一类具有北方特点，如蹲坐状镇墓兽、角形器等；一类具有本地特色，主要是陶俑，陶俑种类有武士、文吏、侍女等，形象逼真、服饰奇特。墓葬清理前有扰乱痕迹，从清理出的随葬品数量上看，陶俑数量丰富。制作方式上，头部和身体用铁芯连接，脚下有踏板，与关中地区西魏俑、北周俑的制法不同，而

◎ 仪仗俑

高38~40厘米，较小者34厘米，上着右衽宽袖直领短衣，色紫红，下着浅黄“桶裙裤”。“魋髻”上饰顶花，右臂下垂，左臂弯曲于胸前，作持物状，双脚八字站立

◎ 陶牛

长55厘米，宽17厘米，高27厘米，站立状，形象逼真

与襄阳、邓县南北朝墓陶俑相似，但是安康、襄阳所见陶俑体量上比崔家营陶俑小，安康长岭墓陶俑头部与颈脖为一体，分体烧制后安装于胸部，合缝处呈三角形或弧形。湖北襄阳麒麟清水沟南朝墓陶双髻俑，也是这类分体烧制的方式。这些异同都是崔家营墓的特色，其背后反映的是一种文化形态。此墓没有纪年，从墓葬形制和随葬器物特征看来，有学者认为应该是南朝晚期墓葬。

南北朝时期的汉水上游是南北的中间地带，这里出现很有特色的南朝晚期墓葬与特定的历史背景有关。南北朝双方势力此消彼长，双方都注意对这个地区的投入，南北在这里的对峙，不是表现为频繁的战争，而是长时段的对峙，从而为这里出现极具地方特点的墓葬提供了必要的条件。

◎ 镇墓兽

长37厘米，宽27厘米，高37厘米，人面兽身，前肢直撑，后腿蹲坐，尾卷于臀部，有背刺。人面，翘鼻、仰头、咧嘴大笑

五、山南重镇——唐宋时期的汉中

隋唐时期，中央政权凭借长安政治、经济、文化中心的地位，极力发展经秦岭河谷南下四川盆地的交通要道，形成了长安经汉中至成都并辐射川陕地区的多条贯通南北的交通路线，汉中的政治经济地位凸显。唐武德元年（618），设总管府及梁州，治所均在南郑。总管府辖梁、洋、兴、集（今川北）4 州，诏改梁州为兴元府，兴元府成为史上首次以帝王年号命名的地方行政机构。733 年划天下为 15 道，山南西道治设于南郑县，辖区约今汉中、川北及陇南，地域贯通川陕。

◎ 第五展厅——山南重镇

唐宋时期是汉中府城发展史上一个重要阶段，大致确定了后来明清时期的汉中府城的城址，作为山南首府以及特殊的地理形势，兴元府一直是唐宋王朝西控巴蜀、北蔽关陇的政治军事重镇，战略地位空前提高。在作为政治、军事城垣的同时，唐宋兴元府城的商品贸易在唐时十分活跃，是当时西部地区商贸集散地之一。

宋太祖于乾德三年（965），遣大将王全斌率兵伐蜀。平蜀之后，即颁三泉县不隶府州，直属京师的诏令，前后达160多年，这成为汉中历史上的辉煌时期。宋代汉中与陇西茶马互市，陕南水运、陆运茶叶行销西北。汉中郡靠近甘陇，成为茶叶的重要收购地。熙宁年间朝廷实行榷茶，汉中本地所产茶叶与荆襄、四川涌来的茶叶，形成规模巨大的茶叶市场，使汉中经济空前繁荣，成为与国都开封和成都并列的全国三大税收城市。北宋熙宁六年（1073）文同赴兴元任知府，八年（1075）调任洋州知州，任职期间兴学校、整治社会治安、革除民间杂徭，颇有政声，洋州筼筜谷多竹，文同喜欢咏竹、画竹，以言志表其气节。

宋金对峙时期，吴玠、吴璘三代据守汉中80多年，使汉中成为南宋倚重的西北干城，使金人不敢南下窥蜀，保住了南宋半壁江山。汉中因其地理位置和经济条件所具有的战略地位日益体现，成为西线边防的军事重镇和后勤保障基地。南宋时期推行屯田、兴修水利，促进了汉中农业经济的发展，对于稳定西线川陕边防，进而确保宋室偏安于江南以及稳定全国形势，都产生了极其重要且深刻的影响。

◎ 海兽葡萄镜
直径20.5厘米，厚1.4厘米

汉中出土的唐宋时期的文物，反映出这一时期政治、经济、文化等社会生活的一些面貌。唐宋时期的铜镜是汉中馆藏数量较多的器物类型，其造型除传统圆形外，还包括大量菱花镜、葵花镜等。镜背题材丰富，有瑞兽、葡萄、鸾鸟、神仙人物故事等，风格生动活泼，充满了浓郁的生活气息。展厅中陈列的一对海兽葡萄镜，十分珍贵。器物呈圆形，伏兽钮，内区以钮为中心，八瑞兽作俯、仰、蹲、跃等不同形态攀援于葡萄枝蔓间，外区不同形态的瑞兽、禽鸟、羽人环绕，近缘处又环绕一串串葡萄。葡萄和狮子等动植物都不是中国所产，镜背的纹饰正是中西文化交流的艺术表现，汉中地处以长安为中心的文化圈中，外来文化也会传入当地并产生影响。

“丙子年”款唐代三彩陶仓，为歇山式屋顶，顶有屋脊和筒瓦的纹饰。仓身为正方体，屋面施绿釉，每面都饰有六条弦纹，将屋面一分为七部分。其中两面有铭文，一面为“长命富贵金玉满堂　万古千秋　千秋万古”；另一面为“丙子年月日　东仓　西库”。唐代的粮仓制度较前代更加完善，

◎ 舞蹈俑

通高21.5厘米，宽7厘米。立俑，两两相对，形制基本相同。双手左或右扬，右或左脚前迈，拧腰作舞蹈状。头戴幞头，内穿白上衣，外罩圆领绿色窄袖长袍，袍下摆挽于腰间，款款而舞于方形托泥

◎ 坐姿将军俑

高32厘米，宽22厘米 右腿屈盘，左腿稍屈下伸，足跟蹬地。右臂按压右腿，左臂弯曲，左手握拳。戴束发五梁冠，内穿绿色窄袖紧身衣，外着酱黄色全副铠甲，铠甲外从左肩至右腰斜披酱红色长袍，腰系宝带，足着绿靴，拧腰侧右坐于座墩上

◎ 莲灯侍女俑

头顶莲花形灯盏，双手抱缠绕莲茎于左胸前。足踩六角形云台，身穿绿色圆领长袍，俑脸部丰满

粮仓主要分为太仓、正仓、常平仓和义仓等，这件唐代三彩仓不仅造型精美、色泽艳丽，而且还含有吉语铭文，并署仓名和时间，尤其是“东仓　西库”的铭文，对于研究唐代汉中葬俗和农业经济状况有极大的参考价值。

2001 年，汉中市汉台区陈家营发现一座南宋初期古墓葬，墓葬为砖筑单室墓，共清理出文物 70 余件，其中釉陶俑出土数量最多，类型丰富，制作工艺精良。宋三彩和唐三彩相比，器类主要是实用的生活用具，而陶俑则相对较少。该墓出土大量宋三彩陶俑，可算是宋墓中一个特例，结合各地宋代墓葬综合分析，表明三彩俑陪葬是南宋汉中周边区域的流行做法，也是继唐代三彩鼎盛之后，围绕长安、洛阳为中心的第二文化圈宋三彩的延续。这批三彩俑虽然无法确知其生产地点、制作者，但塑形准确，刻画细致，抓住了最具神采的细节和瞬间，凝练于器物之上，形神兼备；在烧造工艺上，采用分体施工、多次烧成，工艺复杂，成品色彩丰富，生活气息浓厚；陶俑为主的釉陶器，以黄色、绿色、

◎ 宋武士砖雕

高50厘米、宽24厘米、5厘米。武士坐姿，头裹巾，身着铠甲外披锦袍，衣领外翻，穿靴扎吊脚。《唐六典》中记载的“当圹”“当野”指的就是武士俑或天王俑。宋代继承了唐代的葬仪葬式，“当圹”“当野”作为墓葬的镇墓神煞，一般位于墓葬内门两侧，其形象更加世俗化

◎ 宋妇人启门砖

高58厘米，宽30厘米，厚6厘米。妇人梳双丫髻，内穿圆领窄袖衫，束长裙，外套褙子。双手环抱似持长衫，站立于门前。“启门”题材含义归纳为4种：①墓葬空间延伸的视觉暗示；②代表了墓主人的妻妾；③构图优美纯为墓室装饰；④引导死者进入另外一个世界

褐色为主，兼有艳红、乌黑及新创的翡翠釉等，呈现出浑厚凝重、幽深古朴的风格，在三彩俑中独具特色；尤其包含众多杂剧俑，其内容涉及宋代职官、服饰、音乐、舞蹈、杂剧、丧葬等多方面，是综合研究宋代经济社会和宋代艺术不可多得的实物资料。

砖雕是中国传统建筑特有的一种装饰工艺，与木雕、石雕并称为中国建筑三雕。它们在工艺和造型上相互借鉴、共同发展，反映了中国人的文化观念和审美意趣。唐宋时期砖雕工艺技法规范，纹饰题材内容丰富，逐

◎ 宋伎乐砖雕

长33厘米，宽17厘米，厚4厘米。浮雕伎乐，圆髻，内穿低领衫、高束长裙，外着窄袖长褙子，脚穿翘头鞋。手持各种乐器，有觱篥、横笛、笙、排箫、拍板、大鼓、腰鼓、琵琶。平民墓中的伎乐题材，标示着这种演乐从宫廷的丧礼转而被民间广泛吸收

渐被民间广泛使用。汉中市博物馆藏宋代砖雕类型上有线刻、浮雕、圆雕，题材有文字、纹饰、人物、故事等，其中不乏精品，且文化内涵丰富，它们表达的是中国传统的审美思想与价值理念，以物寓意、传之久远。

汉中处在南北交界的地带，从北宋到南宋，政治、军事、经济地位更加突出，所形成的中间地带文化融合南北，独具特色。从继承北宋时期北方风格的仿木建筑墓室，建筑构建和功能布局的完善齐备，到南宋时期仿木结构极具象征意义，注重点缀装饰效果，大量出现砖雕陪侍系统图像，

可以感受到南、北文化在不同阶段对汉中的影响。在构筑逝者地下世界的观念里，继承着北方的居所形式，人们追求阳宅的华丽风格。同时，不断地吸收南方陪侍系统的装饰，武士、文吏、侍女，杂剧，孝义这些观念的体现，更加强调鲜活、真实的生活方式对于逝者的意义，虽然不同墓葬由墓主人身份、社会地位、经济实力等综合条件而形成，但共同的特征就是在汲取南北葬俗的过程中，所表现出的一种地域性文化理念表达。

六、南北融合——明清时期的汉中

兴元府在元朝统一之后的战略地位进一步提升，经济快速恢复，成为陕西省的副中心，行政地位前所未有。忽必烈治理关中时，就曾下令长安的蒙古军事贵族移驻兴元府，加快了兴元府的发展。在此基础上，兴元府成为我国具有行政区划意义的第一个行省的诞生地。

元太宗九年（1237），窝阔台任命瓜尔佳隆古岱为兴元安扎抚使，指挥汉军屯田积粮，汉中成为蒙古用兵四川的重要粮食补给基地。在宋蒙战争激烈进行的中统年间，川东、川中各路蒙军即依赖汉中盆地的粮草接济。至元二十三年（1286）设兴元路总管府，辖今汉中大部分地区，隶属于陕西等处行中书省，此为汉中隶属陕西之始。自元以来，汉中和关中已有700多年共处同一省之中，行政上长期的归属感，部分地弱化了自然上的分异，地处三省交界的特殊位置，又

◎ 第六展厅——南北融合

赋予它通道和走廊的功能，使它既是东西南北向的交通枢纽，也是各民族的融合地带。

元统一全国后，开始大力恢复各传统经济区的农业。汉中地区自元初开始复修旧有水利设施，至元十六年（1279），兴元路经略使郝天举即修复

◎ 五门堰

南郑流珠堰，引水六十里（30 千米）。元成宗大德年间，兴元路劝农使赛因普化曾对山河堰及其他各堰多加修复，扩大灌区，粮谷丰增。元惠宗至正年间（1340—1349），城固县令蒲庸又在县邑西北胥水上重修五门堰，此次修堰后灌溉田亩超过以往，随着水利设施的修建，汉中农业基础逐渐巩固并得以发展。

明洪武三年（1370），知府费震重修汉中府城，这次重修奠定了汉中今日城区的格局，即南北、东西主要街道形成垂直相交的中轴线，构成井田式的街区格局。洪武十五年（1382），方孝孺任汉中府学教授，在汉中为府儒学生讲学课试，由是汉中“学子皆知向学”。万历二十九年（1601），皇帝封第五子朱常浩为瑞王。天启元年（1627），汉中城大兴土木修建瑞王府，

◎ 释迦牟尼造像
结跏趺坐在仰莲束腰金刚台座上，左手置膝上结禅定印，右手施说法印

汉中城也因此“展北二十步”。瑞王府规模宏大，院落相连，王府面积占当时汉中城三分之一。明史记载朱常浩好佛，现存古汉台铸“飞天”“天龙”等图案的古铜钟，大量的佛教、道教造像，相传为瑞王府故物。它们造型优美，风格纯熟，细节处理精细入微，生动传神，表现出高超的雕刻技艺，体现了极高的艺术水平；艺术风格在藏式造像风格基础上，大胆地吸收、融合汉地传统的审美情趣和表现手法，实现了汉藏艺术的完美融合，生活气息浓厚，富有亲和力。英国学者李约瑟在其《中国科学技术史》中将明代铜器铸造称为“第二次铜器革命时代”和“铜器的文艺复兴时期”，可见明代造像工艺成就之高。

明末清初，陕南乃流民聚集、匪乱滋生之地，汉中乃至整个陕南屡遭兵燹。先有明末清初的高迎祥、李自成的农民起义军长期转战于陕南和四川地区；继之清康熙年间的三藩

◎ 迦叶佛像

赤足站于束腰俯仰莲台座上，双手握拳于右胸，头略左倾，嘴角微上扬，做会心微笑状

◎ 阿难像

赤足站于束腰俯仰莲台座上，双手合十于左胸，头略右倾，做沉思铭记状

之乱，汉中为吴三桂占据达五年之久，整个汉中地区长期处于激烈的动荡之中。战乱和灾荒造成陕南地区地旷人稀、经济凋敝，同时出现大量流民。为了安抚流民、保证赋税、维护封建统治，清政府大力推行招民垦荒政策，通过蠲免赋税、附籍安插等优惠条件吸引大量湖广移民迁入陕南各地，形成“湖广填陕南”的移民浪潮。作为移民迁入的重要区域，大量移民的迁入为汉中府带来丰富的劳动力资源，也带来先进的生产和灌溉技术，促进了汉中地区农业生产的发展以及秦巴山区立体农业的形成。

康熙年间，汉中一带渐有川、楚、豫、皖等地贫民来垦种谋生，外来流民日益增多。清中期汉中地区农耕面积的扩大是数以百万计移民迁入并从事农业垦殖的直接结果，特别是乾隆初年，流民垦殖活动规模空前。乾隆以前，汉中地区最基本的经济活动是单一的粮食种植，以麦和粟谷杂粮为主要栽培作物。乾嘉时期迁入汉中的移民，将南方水稻生产技术带入汉中，因此地方政府十分注重兴修水利工程，筑堰开渠，扩大灌溉面积。汉江支流，无不有灌溉之利，乾隆以后，汉中出现了“深山邃谷，到处有人，寸地皆耕，尺水可灌”的情景。

自明清以来，大量移民迁入汉中地区，栽植茶株，产茶量大增，随着大量茶园的出现，茶树成为汉中最重要的经济作物，至清代茶叶成为西北边境茶马贸易的重要商品。汉中茶叶以西乡茶居多，茶叶滋味醇厚，畅销于本省与陇南地区。清中期以后，汉中地区还大量种植烟草，其中以城固、南郑等县出产为多，其中“城固湑水以北，沃土腴田，尽植烟苗，盛夏晴霁，弥望野绿，皆此物也。当其收时连之充栋，大商贾一年之计，夏丝秋烟”。汉中盆地所产烟叶独具特色，故清中期有“汉中烟”之名，享誉长江中游地区。

明清时期，汉中郡城交通十分发达，北有官马驿路可达省城，通西北，南经广元进入四川，东西向又有汉江水运，这使汉中成为陕南区域东西南北交通的中间站和枢纽。所谓“西则陆通陇蜀，东则水达鄂皖，商贾辐辏，货物山积，虽繁华不及长安，亦陕西第二都会”。汉中府的最主要的商业交易区域则为四川、甘肃、湖北。沿汉江自东（主要由汉口）而来的货物主要有布匹、洋货、瓷器、南药和土茶等，这些货物除一部分由本地销售外，其余大多销往甘肃，再从甘肃、陕西关中等北部地区运来棉花、皮毛等货。从四川来的货主要有川纸、铁、大绸、杂货等，大多发往西安及周围各处行销。

汉中市博物馆馆藏文物中有大量明清瓷器，也从一个方面反映出这一时期的贸易状况。这些瓷器大多借汉江水运，由江西饶州府浮梁县景德镇输入青红瓷，或由湖南醴陵县输入部分南瓷。汉中还兼用四川运来的土瓷，

◎ 馆藏瓷器陈列

到清末民初，这些货品的贸易数量非常可观。

商业的发展促进了汉中城市的繁荣。清末，县城内街市店铺林立，市集繁盛。东门外有汉江通过，为水陆码头，商贾比列，尤为殷盛，当时各帮派在汉中郡城均建有会馆，可看出当时汉中府对外贸易之盛。

宗教方面，明清时期汉中新建、重修道观之风未减，明天启、崇祯年间，瑞王朱常浩在汉中人修道观。从地方志中看，汉中的道教场所遍布城乡。洋县的良马寺和汉中市的宝峰禅寺是汉中两座建于元代至今仍得以保留的寺庙。明清时代汉中佛刹林立，南郑区的圣水寺颇负盛名。汉中城内南街的万寿寺创建于明洪武十六年（1303），建筑雄伟、规模宏大，香火一直旺盛。天主教自明崇祯年间传入汉中，此后长期占据重要地位，清光绪十三年（1887）正式成立陕南天主教区。基督教于清光绪年间传入汉中，先后在南郑、洋县、城固、西乡、镇巴等地设立礼拜堂、福音堂。元末明初，一些回民中的外地商人或卸任官员来汉中定居，西乡县城内北后街首先有穆斯林结庐礼拜、传教。明嘉靖年间，汉中城内太古石巷建起汉中第一座清真寺。同治年间攻入汉中的云南农民军首领蓝大顺也曾在汉中传播伊斯兰教。

明清时期中国文学的主流已经由诗歌过渡到小说、戏曲，诗歌中书写汉中的显得稀少寥落，但也并非乏善可陈。何景明、杨慎、赵贞吉、王士性、吴伟业、王士镇、郑日奎、张问陶、严如煜、林则徐、曾国藩、吴大徵等，或者曾经亲历汉中，赋诗言志，或者异地赠寄托情思，都有歌咏汉中的诗篇传世。这些诗篇以栈道纪行、遗迹凭吊、人物咏叹居多，但也不乏赞美山川的佳作。明清移民也将外来文化、习俗、生活方式移植于汉中地域，秦文化具有鲜明的功利主义特点，关心垦荒、攻伐、农事等对国计民生有利害关系的事，较少注意仁义礼乐。巴蜀文化留意饮食，注重享受，在醇厚的酒香中载歌载舞。楚文化追求个体的价值和精神自由，它给予汉中人文化心理、文化人格以深刻的影响。

总之，元明清时期汉中地域虽然自然灾害频发，农民起义不断，但随着湖广移民的大量迁入，使汉中的土地开发利用程度超过历史上任何时期，外来移民的耕作方式及蚕桑、茶叶、苎麻、纺织等农副业生产堪称为南方移民开发山区的典型。湖广移民的大量迁入，文化、宗教的倡扬，外来思想的传播，不仅促进了汉中的开发和经济的发展，也造成了不同文化的相互交融，使汉中成为一个五方杂处、南北文化交融的地区。

汉中处于巴蜀、荆楚、秦陇和中原的接壤处，特殊的地域在赋予汉中文化极具个性的同时，又使汉中文化更富有多元性和包容性。汉中文化在与周边文化的相互碰撞中，一方面顽强地表现自己的固有个性魅力，一方面吸收接纳外圈文化的精华。它与巴蜀文化结盟，与荆楚文化相继相承，与秦陇文化交流，与中原文化汇集。它集百花于一束，熔众家为一炉，风气兼南北，语言杂秦蜀，亦秦亦楚，亦巴亦蜀，在包容和吸收中发展，展示了鲜活的生命力。

贰

古道沧桑

褒斜道石门及其摩崖石刻

第二章 古道沧桑——褒斜道石门及其摩崖石刻

栈道是春秋战国时期产生的、穿越秦巴山地连接秦蜀“天府之国”的交通大动脉，是中华大地上劳动人民创造的又一项伟大工程。“栈道千里，通于蜀汉，使天下皆畏秦”，由此拉开了西部时代的序幕！它是早于万里长城的一项伟大土木工程，也是古代先民为穿越秦巴大山开凿出的生命之路、智慧之路、征战之路、邮传之路、商贸之路、石刻之路与咏叹之路。汉中是长安和成都两大都市之间的枢纽，是千里栈道的咽喉，是闻名于世的“栈道之乡”，蜀道陆路交通与汉江水路交通，形成了联系西北与西南的文化中枢。秦文化、楚文化与齐鲁文化在汉代实现融会，融合成汉文化。汉中曾经是维护联系的通道，也是实现沟通的中间站。

褒斜道是穿越秦岭间的一条古代交通要道，其持续时间之久，栈道设施之完善，堪称“蜀道之冠”。汉中先民凿通了人类最早的人工穿山通车隧道，后世嘉念其惠世利民之功，依山凿石刻镌石刻百余种，形成摩崖石刻之大观。石门十三品是古褒斜道石门内外十三种摩崖石刻的总称，其中《大开通》由篆及隶，“天然古秀，若石纹然”；汉隶极作《石门颂》“如野鹤闲鸥，飘飘欲仙”；《石门铭》从隶至楷，“若瑶岛散仙，骖鸾跨鹤”……石门十三品以其光耀千年的书法艺术，被中国历代书家学人奉为圭臬，由此流播海内外。1961 年，“褒斜道石门及其摩崖石刻”列入国务院公布的全国第一批重点文物保护单位。1970 年原址兴建水库，石门十三品被凿迁至古汉台保护、陈列，再现其风采，以激励来者。

◎ 唐代秦岭古栈道示意图

一、栈道千里——褒斜古栈道

“蜀道之难难于上青天”，古代中国西部的南北交通，阻于秦巴天险。先民们不避艰险，开辟了跨越天堑的几条道路。其中，褒斜道最负盛名。褒斜道纵贯秦岭，约三分之一路段为栈道，其修建规模之大，沿用时间之长，属全国诸栈道之冠，堪称经典之作，被誉为继长城、大运河之后的第三大建筑工程。褒斜道是沿褒谷、斜谷穿行的一条谷道，全长 235 千米。由褒城入鸡头关，经青桥驿、马道、姜窝子、柳川、拓梨园、王家楞、白云、太白、五里坡出斜峪关直至眉县。作为

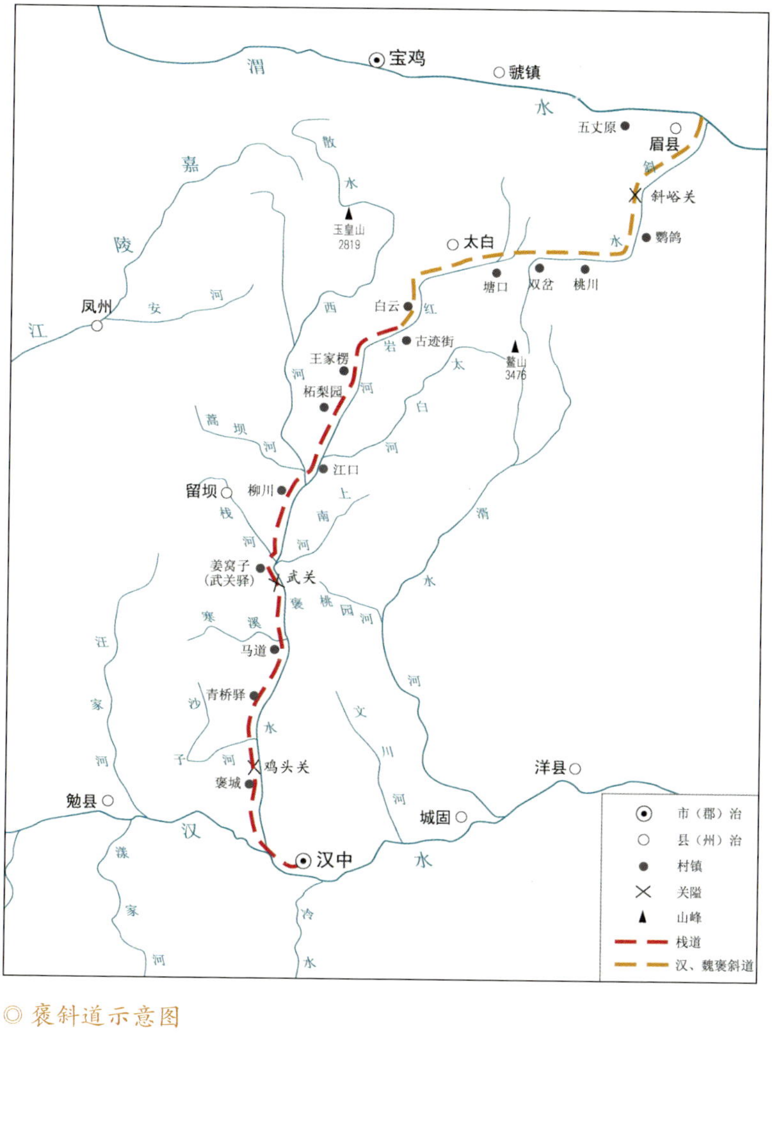

◎ 褒斜道示意图

古代中国沟通中原与西南地区的交通大动脉，褒斜道推动了历史进程，促进了西部地区经济文化的繁荣，维系了黄河、长江两大文明圈之血肉联系。栈道的建设者以非凡的气度和壮阔的情怀，谱写了一曲古代中国人辟路通疆、开拓进取的宏伟诗篇。

自古以来，人们沿山间河谷穿越山脉，沟通往来，世代步履，渐成道路。在跨越秦岭的诸道之中，褒斜道因取道褒水、斜水而得名。其南起汉中以北褒谷口，北至眉县斜谷口，全长235千米。褒、斜二水同源于秦岭太白山，其间的分水岭在整个秦岭山脊中最为平缓，故为古人所利用。据载，早在远古时代，褒斜道就已经成为通道，所谓“三皇乘祗车出谷口”。这里的谷口，指斜谷口。早在商周之前，先民们已迁徙往来于褒斜河谷，“武王伐纣，蜀亦从行”。蜀是周朝的盟军，为“西土八国”之一，蜀军进入中原，当从褒斜古道北行。西周时期“周幽王伐有褒，褒人以褒姒女焉”。褒国故址在今汉中市北褒谷口之平原，幽王“烽火戏诸侯”、褒姒“一笑值千金”的故事流传至今。“五丁开道”的传说，反映了秦惠文王为攻伐蜀地，曾修筑过褒斜道之史实。秦昭襄王时，“栈道千里，通于蜀汉，使天下皆畏秦”。汉武帝曾征发数万人对褒斜栈道进行大规模修筑，使之成为当时连接关中与西南最重要的国道。汉明帝时再次修治，并同时开凿了世界上最早的通车隧道——石门。以后历朝累加整修，颇具规模。唐文宗时归融修筑山南西道驿路，即是褒斜道建设史上的一次重大线路改移，由此形成了后世所称的唐宋褒斜道，成为唐以后连接关中、汉中、巴蜀间的主要驿道。元、明、清时期的连云栈道便是在此基础上发展而成，此时栈道多为山间土石碥道取代。民国年间，川陕公路亦循其路线而修筑。褒斜栈道浩大的工程，艰难的施工，完备的设施，在中国古代交通史上堪称盛事壮举。

战国中晚期褒斜道渐被辟为栈道，栈道的建造方式是在水位的一定高度之上(一般高 3 ~ 8 米)凿壁孔安插横梁，再在河床岩石上凿柱孔安插立柱，以立柱承托横梁，梁柱间以榫卯结合，上铺木板，形成道路，宽度一般在 3 米以上。古人根据实地情况，因地制宜，就地取材，创造了褒斜道多种多样的建筑类型。

平梁立柱式——在峭壁上凿方孔，以木为梁，并在河底岩石上凿孔，立木柱以作横梁一端之支撑，再在横梁上铺木板成道。褒斜道多以这种方式建成，后人称“标准式”。

斜柱式——栈道离水面较高，不便在河床上立柱，则在悬崖上凿斜孔、安斜柱以支撑横梁。

多层平梁式——栈道安放木板的横梁一般为单层，在一些地方，亦见多层平梁，上下平梁间以立柱连接作为支撑。

千梁无柱式——在一些悬崖绝壁地段，栈道距河床太高难以竖立柱，又不便加斜柱支撑时，则修成仅安放横梁的栈道。有的地方还将木制的横梁改为石梁，称之为“石栈”。

依坡搭架式——在岩壁倾斜之处凿孔安柱，横梁一头架在立柱上，一头架在斜坡开出的石坎上，或在斜坡上多处竖立柱，在立柱上架横梁，上铺木板成路。

隧道式——在个别陡峭且距离较短的山嘴处，难以架设栈道，古人则开凿隧道，最典型的事例是石门隧道。

凹槽式——将小山嘴的岩石凿开，在凹槽中间开路。石门北侧附近的一个小山嘴处，就有凹槽式通道，两端与阁道连接。

石积式——栈道修建材料多为木作，有些地段亦用石料，即横梁为石条，上铺石板。《石门颂》有“造作石积，万世之基”之句，知“石积”亦为栈道建筑类型之一。

◎ 平梁斜柱式

◎ 平梁立柱式

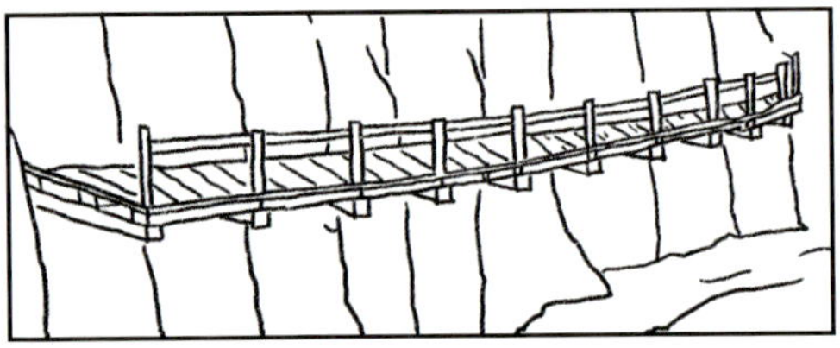
◎ 平梁无柱式

◎ 多层平梁立柱式

◎ 隧道式

◎ 依坡搭架式

◎ 棚盖式

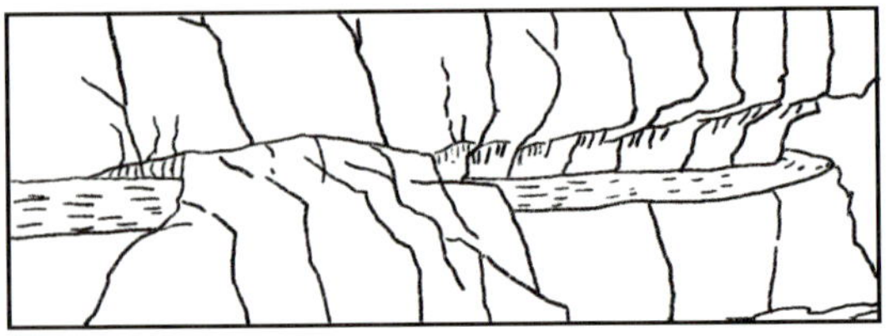
◎ 凹槽式

石门，是褒斜道上的一段穿山隧道，位于汉中市汉台区北约 20 千米的褒河（即褒斜道的南口处）。石门大体呈南北向，与褒谷河道平行。石门内壁东壁长 16.5 米，西壁长 15.5 米；南口高 3.45 米，宽 4.2 米；北口高 3.75 米，宽 4.1 米。隧道平均高度 3.6 米，平均宽度 4.15 米，长 15.75 米。在古代生产力及生产工具相对落后的情况下，劈山开路架设栈道颇为艰难。面对坚硬的山崖，古人发明了“火烧水激法”（亦用醋），利用岩石热胀冷缩的特征，创造了开凿山路的一项重要技术。据清人的记载，石门似为火烧、水激或醋激后敲击而成。《褒谷古迹辑略》所载梁清宽书贾汉复《栈道歌》中就有“积薪一炬石为圻，锤凿既加如削腐”的诗句。这种开凿方法在古代科学技术不发达的情况下是可信的，以石门的规模而论，它不单是人们徒步往来的通道。汉时一轨之宽相当于现在的 1.5 米，石门内平均约有 4 米宽，3.5 米高，当时的车辆自然可在石门并行无阻。这样一个宏大的穿山通道，又出自 1900 年以前，在世界上可谓开山地通车隧道之先例。

◎ 石门南口

◎ 石门北口

汉代以来铁器的普遍使用，为褒斜道的开辟提供了凿崖利器。栈道的建设者在工程中运用了各种力学知识，并巧妙处理建筑与环境的关系。栈道随形就势，廊亭结合，为防止人马坠崖与山石下落，在一些险要处还装有护栏和篷盖。唐宋之后，随着开山技术的提高，以砌石取代栈阁之法较为普遍，褒斜道的线路也逐渐抬高，栈道逐渐演变为碥道。到明代，自鸡头关到鵩鱼潭（即今之姜窝子），就有5处栈阁被石路取代，如明嘉靖二十三年（1544），县令张庚去编棚，砌以石，即去掉以葛藤、绳索编织的板状物，以代木质的栈阁改为石砌。明嘉靖二十八年（1549），主簿伍魁直接以石质拱式的建筑物取代栈阁，这反映出褒斜道道路选线与技术的变革。

褒斜道作为历史上的交通要道，不仅有雄伟的栈阁，而且有完备的邮驿系统。东汉明帝永平九年（66），《鄐君开通褒斜道刻石》记载了汉代褒斜道的建筑设施，包括邮驿等，其文云："永平六年，汉中郡以诏书受广汉，蜀郡、巴郡徒二千六百九十人，开通褒斜道……始作桥阁六百二十三间，大桥五，为道二百五十八里，邮、亭、驿、置、徒司空，褒中县官寺并六十四所。"文中所称"桥阁"指的就是栈阁，即插梁于山腹，上覆以板或阁而为之。"大桥五"指横跨褒水的桥梁和褒水支流两岸间的桥梁。"为道二百五十八里（129千米）"指修治褒斜道的里程。褒斜道五百余里（250多千米），此次修治主要是褒斜道的南段，约为全程一半，其中兴修的"邮、亭、驿、置、徒司空、褒中县官寺"等建筑物共64所，这批建筑物都直接或间接与邮驿有关。邮亭驿置是古代传达军政命令、维系国家机器正常运转的重要设施，起源于周朝的邮传制度。秦汉以来，历朝政府在各主干道均有相关设置，大体十里一亭，三十里一驿。军政文书派使臣递交，邮件由邮人传送，乘用之马称为驿骑，驿站为使臣官吏提供食宿并备有车马，驿传往来，必持凭证。这些邮驿具有多种功能，不仅为官方所用，亦供行旅往来便利。

◎ 汉、魏褒斜道武关驿遗址

◎ 孔雀台遗址

褒斜道作为穿越秦岭的国家驿道，数千年间在南北沟通中发挥了重要的作用。褒斜道的维护也备受国家和地方重视，历史上就有几次大的维修。

褒斜道历代维修表

年代	维修段
东汉永平九年（66）	开通古褒斜道汉中郡境内 258 千米
东汉建和二年（148）	修复古褒斜道汉中郡境内全段
东汉永寿元年（155）	修复古褒斜道汉中郡境内全段
三国魏景元四年（263）	修治古褒斜道全程
西晋泰始六年（270）	修治古褒斜道石门段
西晋太康元年（280）	修治古褒斜道及汉中境内地段
北魏永平二年（509）	重修古褒斜道全段
唐开成年间（836—840）	新修唐褒斜道散关至剑门段
唐大中三年（849）	新开文川道作为褒斜道的支道
明嘉靖十一年（1532）	重修连云栈道樊河桥
清康熙三年（1664）	修治连云栈道全程
清道光十六年（1836）	地方集资修治古褒斜道留坝南河乡地段
清咸丰元年（1851）	重修天心桥、修治连云栈道七盘山地段

自秦汉对褒斜道进行大规模修筑以来，此道成为南北通衢，交通要冲。《史记》曾提到栈道通车的情形，《石门铭》更有“穹窿高阁，有车辚辚。咸夷石道，驷牡其駰”等记载，反映了当时栈道的交通盛况。栈道沿途的邮亭驿站，是维系其全程通途的必备设施，在政治军事行动、经济文化交流、民间相互往来中发挥了重要作用。千载栈道之旅，产生了以“石门十三品”为代表的众多杰作，栈道不仅是一条交通之路，亦是一条诗歌之路、文化之路。

二、国之瑰宝——石门十三品

石门石刻是以褒斜道为载体，跨越1900余年而形成的庞大石刻体系的总称。从汉以降，以石门为依托，逐渐形成了蔚为壮观的石刻群落，它们是全国第一批重点文物保护单位“褒斜道石门及其摩崖石刻”的主要构成部分。它以悠久的历史和丰富的内涵及珍贵的科学、艺术价值蜚声中外，在中国古代碑刻之林中享有很高地位。

研究表明石门石刻的总量约180方，以汉、唐、宋、清为主，其内容涵盖记事、抒情、咏物等诸多方面。石门石刻中有镌刻时间可考者，上起东汉永平九年（66），下至当代，代不乏人。如东汉《鄐君开通褒斜道》摩崖记述了汉中太守鄐君受诏承修褒斜道，开通褒斜道129千米；汉桓帝建和二年（148）的《石门颂》是汉中太守王升感念同乡杨孟文倡议复通褒斜道的功绩而镌刻，这些石刻内容往往反映当时的史实，记录了涉及社会、自然方方面面的数据，成为考证史实的重要资料。通过这些石刻的记载，为研究褒斜道的通塞变迁提供了弥足珍贵的资料。

石门石刻大多凿于山谷崖壁之上，与周围优美的自然环境融为一体，从而形成了随意、自然、无拘无束的艺术风格。北魏郦道元在《水经注》中已提到石门内的石刻，可证石门石刻得名之早。宋代金石之学开始兴起，欧阳修、赵明诚等在著作中又著录了《石门颂》。清代碑学大兴之时，石门石刻的艺术价值被更多地阐明，尤其是碑学巨匠康有为《广艺舟双楫》中把石刻书法分为六个等次，最高等次者称为“神品”，仅列三种碑刻，《石门铭》为其中之一，可见其极为推崇石门石刻。近代以来，掀起了石门石刻研究的热潮，石门石刻更是声名远播。

◎ 石门十三品展厅

“石门十三品”在书法艺术上占有重要地位，它们给人以艺术美的享受，是汉代以来书和刻二者的最高艺术结晶。其中，汉魏时期作品早在唐宋时就颇负盛名，誉满全国，更为历代考古家、书法家所推崇。“石门十三品”是研究汉隶的重要实物，在中外书法界和金石学界享有极高的声誉。

关于“石门十三品”，古今的说法有所不同。20 世纪 80 年代，日本著名书法家种谷扇舟先生来汉中，在参观博物馆的过程中，将他携带的“十三品”拓本，与展室中的“十三品”原刻一一对照，发现拓本中的南宋《安丙题名》和《保庆题名》，原刻中没有；而原刻中的曹魏《李苞题名》和南宋《晏袤释潘宗伯韩仲元李苞通阁道》摩崖，拓本中却没有，其余十一品皆一致。经探明缘由，方知种谷先生所携带者，是早期所称的“十三品”，而展室所陈列的是学界对“十三品”的新认定。二者虽有差异，但所指认者同属石门石刻之列，合而论之，不妨称之为“石门十五品”，又鉴于“十三品”之说已约定俗成，为避免误会，仍保留“十三品”这一称谓。因“十三品”中绝大多数为汉魏摩崖，故又称“石门汉魏十三品”，又因其文献价值和书法艺术价值较高，很早以前就从数以百计的石门摩崖中脱颖而出。

“十三品”的前面，通常冠以“石门”二字，“石门”作为一个地名或山口之名多不胜举。这里所说的“石门”，源于东汉明帝诏书“凿通石门”之语，即指东汉永平四年（61）在褒斜道南端七盘山下开凿的一段隧道。自东汉永平中凿通石门以来，大凡道路通塞、修治之情，皆在石门内壁镌文记事。一些文人墨客览此胜迹，相继题刻抒怀者世代不绝。1960 年勘察中，共发现石门内壁题刻 34 品，后来又补入 6 品，共 40 品，连同南北山崖上的碑刻，统称石门石刻，其总数难以确知。这批石刻以石门为中心而有其名，“石门十三品”是其中的部分精品。

《鄐君开通褒斜道》摩崖，在石门南 250 米处褒河西岸的山崖间，在其下方 50 厘米处，为南郑县令晏袤所撰写的释文。《石

石门十三品摩崖目录

序 号	名 称	形 制	大 小（单位：厘米）
1	《鄐君开通褒斜道》摩崖	不规则的四边形	上沿宽 272、下沿宽 276、通高 142
2	《故司隶校尉楗为杨君颂》（《石门颂》）摩崖	竖高形	上下沿宽各 205、通高 261
3	《杨淮、杨弼表记》摩崖	竖高形	上下沿宽各 30、35，通高 261
4	《石虎》榜书汉隶摩崖	竖高形	上下沿宽各 50、通高 100
5	《李君表》摩崖	竖高形	上下沿宽各 40、43，通高 70
6	《石门》榜书汉隶摩崖	竖高形	上下沿各宽 48、通高 98
7	《玉盆》榜书汉隶摩崖	长方形	上下沿各宽 103、通高 61
8	《衮雪》榜书汉隶摩崖	长方形	上下沿各宽 105、通高 72
9	曹魏《李苞通阁道》崖摩	竖高形	上下沿宽各 24、通高 36
10	北魏《石门铭》摩崖	四边形	上下沿宽各 220、221，通高 184
11	南宋《释鄐君开通褒斜道》	竖高形	上下沿宽各 235、通高 268
12	《释潘宗伯韩仲元李苞通阁道题名》摩崖	竖高形	上下沿宽各 107、通高 145
13	南宋《山河堰落成记》摩崖	长方弧形	上下沿宽各 501、506，通高 226
附	北魏《贾三德题记》（《石门铭小记》）		

门颂》位于石门西壁中部，距石门南口 5 米多，其南侧为《杨淮、杨弼表记》（以下简称《杨淮表记》）摩崖。《石门铭》在石门东壁中部偏北，约在《石

门颂》的斜对面，距北口2米。在《石门铭》下方，有北魏《贾三德题记》，亦称《石门铭小记》。

“石门”汉隶大字摩崖在石门北口西壁，其南侧紧接《李君通阁道》摩崖。“玉盆”汉隶大字，镌于石门南侧1500米处的河中巨石上，靠近褒河东岸。“衮雪”汉隶大字，镌于石门东南河中巨石上，距石门约25米。《李苞通阁道》摩崖，位于石门北口上方东侧之山崖间。《山河堰落成记》镌于石门南的山崖上，其下距谷底3米，上距汉魏古栈道壁孔约220厘米，其东北角上方2米，即晏袤《释潘宗伯韩仲元李苞通阁道题名》摩崖。“石虎”汉隶大字，镌于石门对面稍南、褒河东岸的石虎峰下。

石门汉隶的文字多属记实之作，如《鄐君开通褒斜道》《石门颂》《杨淮表记》《李君表》《释潘宗伯韩仲元李苞通阁道题名》等，皆为记述古褒斜栈道通塞及其修治的重要文献；“石门”“玉盆”“衮雪”“石虎”等汉隶大字摩崖，又是描述褒谷山水形胜之妙笔。它们的产生各有其因，非勒石而不足达意。

石门汉隶在刻石前先要书丹，而书丹则是十分困难的事。石门汉隶的多数书者，并非后世所贯称的名声显赫的书法大家，而是以书写为业的普通劳动者。正因为他们是普通劳动者，以朴实的功力留下了汉魏文字的真迹，因此说，石门汉隶不仅具有较高的文献价值，而且在我国古代的书法艺术史上，也占有重要的地位。

《鄐君开通褒斜道》摩崖

此摩崖石质为云母片岩，碑面凸凹不平，间有沟壑，文字漫漶，书法风格隶中带篆，颇有古韵。摩崖记述汉明帝永平六年（63），汉中太守鄐君受诏承修褒斜道事，时人为文记其事，镌刻于褒谷石门南之险侧断崖中。此刻今拓文字可见者尚有97字：

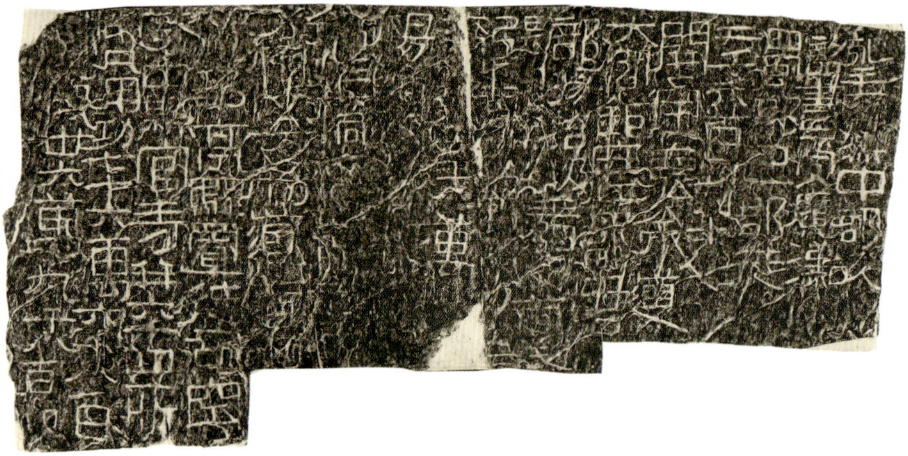

◎《鄐君开通褒斜道》摩崖拓片

“永平六□□中郡以诏书受广汉、蜀郡、巴郡徒二千六百九十人，开通褒斜道，太守钜鹿鄐君，部掾治级、王弘、史荀茂、张宇□□□□□□，太□□□汉□显□□□□，始作桥格□百□□□，大桥五，为道二百□□□□，邮亭、驿置、徒司空、褒中县官寺并六十四所。凡用功七十六万六千八百□□，瓦六万九千八百四”。

作为东汉早期的石刻文字，《鄐君开通褒斜道》摩崖通篇字画横平竖直，未见有波磔，耳部及竖钩皆呈弧状，宝盖两侧的下垂笔甚长，知其篆的遗韵甚浓；而其体态却是隶书，非篆书。诚如南宋晏袤释文所云：“隶法奇劲，古意有余，与光武中元二年（57）蜀郡太守《何君阁道碑》体势相若……字画简古严整，观之使人起敬不暇。”清人刘熙载在《艺概》一书中，称其“字体长短广狭，参差不齐，天然古秀若石纹然。百代而下，无从摹拟，此之所谓神品”。清人罗秀书在《褒谷古迹辑略》一书中云：“其古横也如龙盘深壑而其鳞角杈枒。”虽词语不尽相同，但其要旨皆在一个“古”字上，加之其奇特的结体和章法，使其在汉隶中独树一帜。正如何应辉先生所云："其最大的魅力在于空间构造的开张、宏阔和整体气势的博大而流动，就博大而言，实为西汉刻石所不能比拟。它的特点，一是构字宏中肆外；二是长短广狭，参差错落，字间行间异常紧密，满幅而来；三是如此磅礴的架构，却又是以极凝浑、质拙，一律瘦挺的笔画来完成，而且这一切都因石壁的自然状态就势而成……在整个汉代刻石中，此作堪称空间构成的奇观，并开此类书风之先河。"总之，《鄐君开通褒斜道》摩崖以其特有的线质、结体、章法和气势的有机组合而独放异彩。其可摹性较之其他为数众多的汉隶刻石要困难得多，所以杨守敬有"数百年来，无从摹拟"之叹。

《石门颂》摩崖

题额 2 行，10 字，正文 22 行，行 21 ~ 30 字，字径 5 厘米。

《石门颂》是东汉建和二年（148），汉中太守王升为顺帝初年的司隶校尉杨孟文所写的一篇颂词，

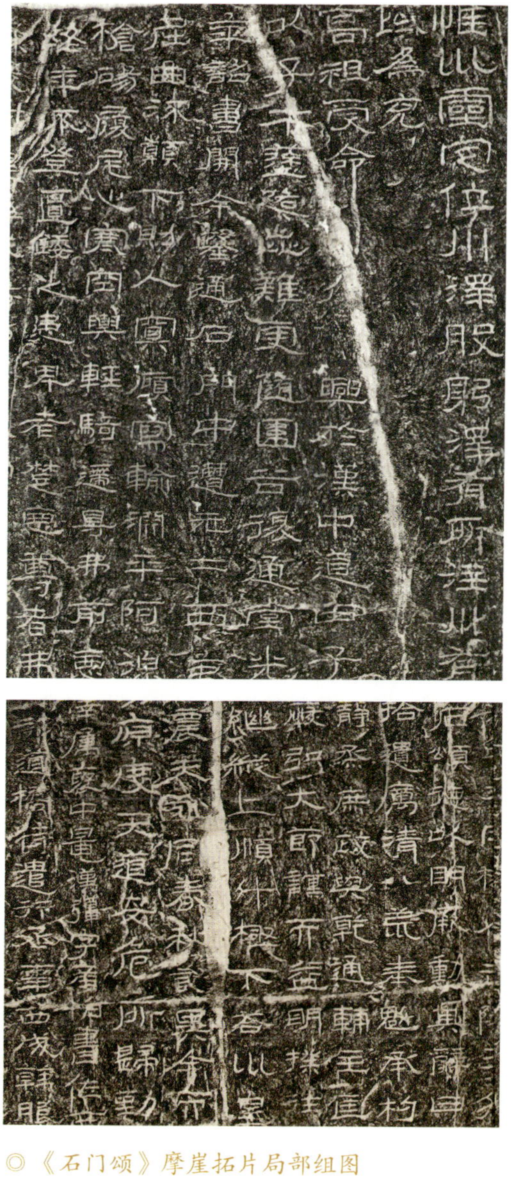

◎《石门颂》摩崖拓片局部组图

全称《故司隶校尉楗为杨君颂》，摩崖文字记述杨孟文奏请复修褒斜道事，是考查褒斜道通塞、变迁的重要史料。此摩崖原在石门洞内西壁崖，石质为石英岩，碑面除黏合缝及自然沟壑外，文字保存基本完好。

全文为：

故司隶校尉楗为杨君颂

惟坤灵定位，川泽股躬，泽有所注，川有所通。余谷之川，其泽南隆，八方所达，益域为充。

高祖受命，兴于汉中，道由子午。出散入秦，建定帝位，以汉诋焉。后以子午，途路涩难，更随围谷，复通堂光。凡此四道，垓隔尤艰。至于永平，其有四年，诏书开斜，凿通石门。中遭元二，西夷虐残，桥梁断绝，子午复循。上则悬峻，屈曲流颠；下则入冥，倾泻输渊。平阿淖泥，常荫鲜晏。木石相距，利磨确磐。临危枪砀，履尾心寒。空兴轻骑，滞碍弗前。恶虫蔽狩，蛇蛭毒蟳。未秋截霜，稼苗夭残。终年不登，匮萎之患。鄙者楚恶，尊者弗安。愁苦之难，焉可具言？于是明知故司隶校尉楗为武阳杨君厥字孟文，深执忠伉，数上奏请。有司议驳，君遂执争。百僚咸从，帝用是听。废子由斯，得其度经。功绱尔要，敞尔晏平。清凉调和，蒸蒸艾宁。至建和二年仲冬上旬，汉中太守楗为武阳王升字稚纪，涉历山道，推序本原，嘉君明知，美其仁贤，勒石颂德，以明厥薰。其辞曰：

君德明明，炳焕弥光。刺过拾遗，历清八荒。奉魁承杓，绥亿衙疆。春宣圣恩，秋贬若霜。无偏荡荡，贞雅以方。宁静烝庶，政与乾通。辅主匡君，循礼有常。咸晓地理，知世纪纲。言必忠义，匪石厥章。恢弘大节，堂而益明。揆往卓今，谋合朝情。醳艰即安，有勋有荣。禹凿龙门，君其继踪。上顺斗极，下答坤皇。自南自北，四海攸通。君子安乐，庶士悦雍。商人咸僖，农夫永同。春秋记异，今而纪功。垂流亿载，世世叹诵。

序曰：明哉仁知，豫识难易，厚度天道，安危所归。勤勤竭诚，荣名休丽。

五官掾南郑赵邵字季南，属褒中鳌汉强字产伯，书佐西城王戎字文宝主。

王府君闵谷道危难，分置六部道桥，特遣行丞事西成韩良字显公，都督掾南郑魏整字伯玉，后遣赵诵字公梁，案察中曹卓行，造作石积，万世之基，或解高格，下就平易，行者欣然焉！伯玉即日徙署行丞事，守安阳长。

《石门颂》摩崖作为东汉后期，特别是桓灵阶段，见于刻石的隶书，向“八分”转化已趋于成熟。《石门颂》的书体是“八分”，仅言及其与同类书体之共性，而《石门颂》的魅力还在于它与众不同的个性。对此，诸家宏论多指向其隶草特色。如康有为《广艺舟双楫》谓：“《杨孟文碑》劲挺有姿，与《开通褒斜道》疏密不齐，皆具深趣。碑中年字、升字、诵字垂笔甚长，与《李孟初碑》年字同法……隶中之草也。”今人范韧庵、李志贤《书法辞典》亦谓：“《石门颂》素有隶中草书之称。”日本著名汉学家兼书法家中田勇次郎先生一行多人，于1985年春来汉中，在他的《游石门题诗》中有“蜀道摩崖隶草奇”之名句，诗中的“隶草奇”，自然指出包括《石门颂》在内的石门书法艺术特点。《石门颂》全文六百余字，何以只将“命”“升”“诵”三字的垂笔拉得很长，此三字在书者心目中，有一种极为神圣的特定含义。所谓“高祖受命”，即指汉高祖刘邦受命于天，或者秉承天意，与下句“兴于汉中”相衔接，言发迹于汉中而定天下，“命”字自然关系重大。“世世叹诵”的“诵”，其垂笔之长，预示后辈对前辈杨孟文其人（汉顺帝时的司隶校尉）的功德长诵不已也。而“王升”的“升”字，其垂笔之长，既表露书者对顶头上司汉中太守王升的崇敬，又隐喻太守官位的升迁。

《石门颂》镌于石门隧道西壁，其表面并不像一般石碑那样光平，书者很善于因地制宜地施展技法，使其通篇疏密相间，且字形大小参差不齐，虽有别开生面的野逸之趣，但比之流行汉碑具有某种草意。《石门颂》本属摩崖，而又与常见的摩崖不同。一般常见的摩崖，分布于崖壁之间，书丹者上下左右尚无限制，而《石门颂》位于隧道之内，由于隧道内壁呈拱形，使其表面有弧状，可以想见，书者在书丹时，因受隧道顶部的限制，必然身体后仰，尽力扬臂向上，毫端所及自然非同寻常。但这一反常之势态，岂非又呈现出某种草意？归结起来《石门颂》摩崖无论在用笔、结体、章法乃至用字等等方面，都是富于变化的，而这种变化全凭书者才情技艺的瞬间表露，就像艺术家、文学家、诗人的灵感那样，是难能可贵的。无怪乎清人王昶《金石萃编》称："是刻（《石门颂》）书体劲挺有姿……推为汉人杰作。"杨守敬《评碑记》云："其行笔真如野鹤闲鸥，飘飘欲仙，六朝疏秀一派皆从此出。"

《杨淮表记》摩崖

摩崖7行，行24~26字，字径5厘米左右。镌于东汉灵帝熹平二年（173），时有黄门卞玉谒归过石门，见《石门颂》石刻，念及家乡楗为武阳杨孟文其人世代三辈之轶事，乃为文备述杨淮、杨弼官位升迁、变化等情况，是研究汉代职官的珍贵资料，也称《杨淮、杨弼表记》。摩崖镌于石门西壁《石门颂》摩崖之南侧，隶书，除个别字漫漶外，余皆清晰可见，保存完好。

全文为：

故司隶校尉杨君厥䞔淮字伯邳，举孝廉尚书侍郎，上蔡、雒阳令，将军长史，任城、金城、河东、山阳太守，御史中丞，三为尚书、尚书令，司隶校尉，将作大匠，河南尹。伯邳从弟䞔弼字颖伯，举孝廉，西鄂长。伯母忧，去官。复举孝廉，尚书侍郎，迁左丞、冀州刺史、太医令、下邳相。元帝功德牟盛，约身自守，俱大司隶孟文之元孙也。

黄门同郡卞玉字子玮，以熹平二年二月二日谒归过此，追述勒铭，故表记。

《杨淮表记》摩崖镌于古石门隧道西壁。原刻无题，据《金石萃编》文字内容称其为《司隶校尉杨淮表记》，且援引《涵真阁汉碑文字跋》云："字体与《石门颂》仿佛，而疏荡过之。"清方朔《枕经堂金石书画题跋》云："《石门颂》刻于建和二年，此为熹平二年，其间相距二十有六年。书法朴茂如一，而古拙疏逸更胜。"康有为《广艺舟双楫》称其"润泽如玉，出于《石门颂》，而又与《石经·论语》近，但疏荡过之，或出中郎之笔。真书《爨龙颜》《灵庙碑阴》《晖福寺》所祖也"。

◎《杨淮表记》摩崖拓片

《杨淮表记》通篇文字以篆笔而成，笔画瘦劲、凝练、灵动。《杨淮表记》出于《石门颂》，仅限于用笔之近似，而其章法和结体，却与《石门颂》有较大的区别。在章法上，《石门颂》正文22行，行30、31字不等，虽横列略有错位，但竖行基本端直。而《杨淮表记》正文共7行，行24、25、26字不等，6

行仅 15 字，形成上宽下窄的楔形格局。在结体上，《石门颂》字形较开张宽博，笔画拓展中收放得体，《杨淮表记》通篇文字大小不一，字形或纵或横，或正或攲，各随其便。凡左右结构者，皆突破常法，不刻意于巧，而着力于拙，不求规整之华，尽显古朴之态，以其有新意，而博得诸家盛赞。

《李君表》摩崖

此摩崖原在石门西壁《石门》摩崖以南，长方形，文 6 行，行 10 ~ 13 字，字径 3 厘米，隶书。记述李君在东汉永寿年间修褒斜阁道之事。功成，民受其惠，后历官巴、陇、汉中，待迁宜禾都尉时，人感其德，乃为之记也。摩崖石质剥落，笔画残泐，仅有 50 字可识。

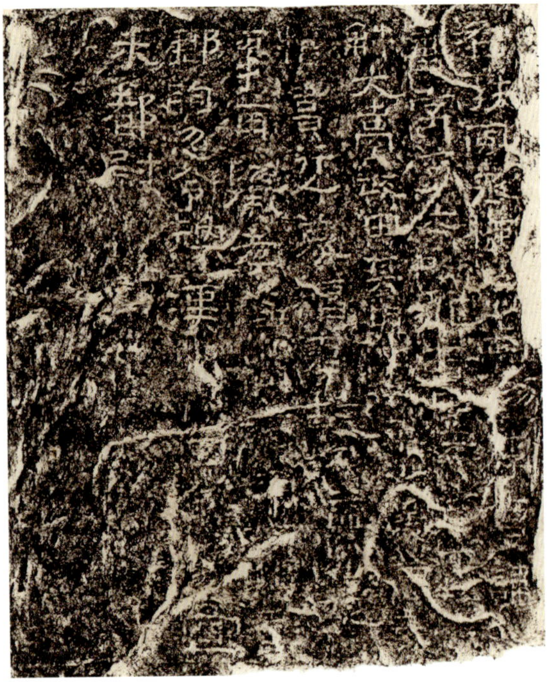
◎《李君表》摩崖拓片

全文为：

右扶风丞□□武阳李君讳字 季杰，以永寿元年中□解大台政，由其□□□□□□权喜，行人蒙福，君□□州从事，再举孝廉尚□□□□郡朐忍令，换汉□□□□宜禾都尉。

《李君表》摩崖字迹残缺，漫漶殊甚，诸家称谓不一，如冯云鹏的《石索》称《汉永寿石门殘刻》，陆绍文的《金石续编》和陆增祥的《八瓊室金石补正》均称《右扶风丞李君通阁道记》，罗秀书、万方田、徐廷钰合著的《褒谷古迹辑略》称《李君表》。之所以如此，是因为原刻涉及人名的某些字难辨之故。摩崖文字大小、疏密、正攲皆较随意，似不经意而为之。字形较开张，蕴含石门汉隶之古风，不刻意追求规整、端庄之华，以洒脱、自然、朴茂称奇。

汉隶大字《石门》摩崖

“石门”二大字摩崖，原在石门北口西壁，通高 82 厘米，宽 50 厘米，字径 35 厘米，二字竖列，间距 16 厘米，隶书，字迹笔画清晰，是“十三品”中保存最完好者。

汉隶大字《石虎》摩崖

“石虎”摩崖原镌之于与石门隧洞隔河相望的石虎峰下山崖间，字径 30 厘米，隶书，落款署名“郑子真”。

汉隶大字《玉盆》摩崖

“玉盆”摩崖原镌之于褒河中巨石之上，隶书，受流水冲蚀字迹几不可辨。南宋时游人恐其真迹为流水泯灭，乃于原石上部另行竖刻小隶书“玉盆”二字，字径 18~23 厘米，通高 42 厘米，宽 30 厘米，左下各有一款：左为左行楷书三行“曹济之、龐公巽、曹璋 / 李稟，绍定己丑清明 / 日識”，字径 7 厘米、通高 60 厘米、宽 22 厘米；下为左行隶书三行“閭丘資深田德夫 / 章德琳，庆元二年 / 二月壬申因睎堰徕”，字径 7 厘米，通高 47 厘米，宽 32 厘米。

汉隶大字《衮雪》摩崖

“衮雪”摩崖原在石门隧道以南褒河激流中，相传曹操到此，见褒水浪花飞溅如滚雪之状，乃书。字横刻，通高 67 厘米，宽 148 厘米，字径 35 ~ 46 厘米，传说为曹操手迹，落款“魏王”，字径 6.5 厘米，与“衮雪”二字风格迥异。

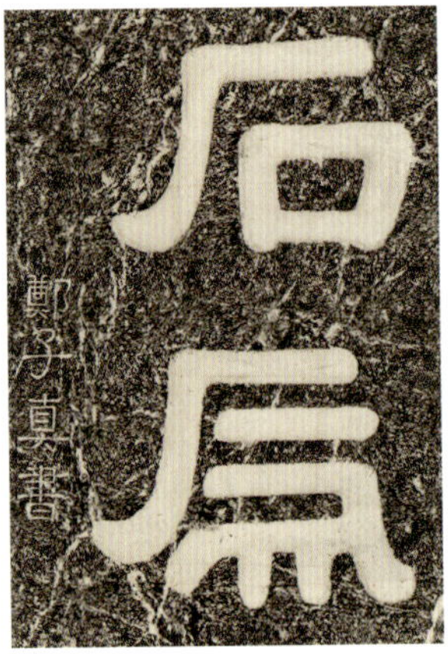

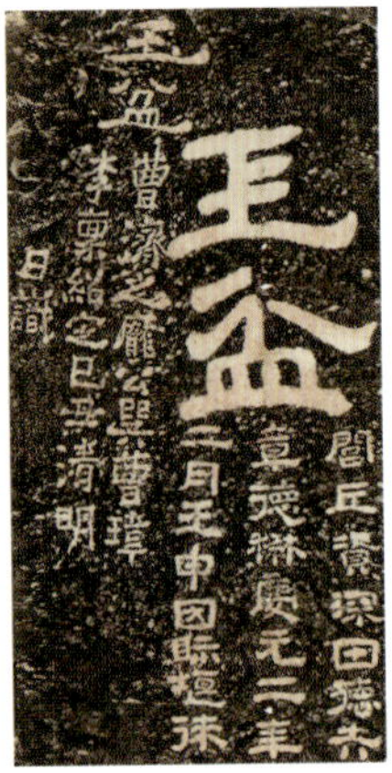

“石门”“石虎”“玉盆”“衮雪”4方榜书摩崖，皆未署刻石年月。自古迄今，被断为东汉刻石。考其缘由，有地域与历史方面的因素：其一，地域因素。“石门”二字榜书，镌于石门隧道北口之西壁，与《石门颂》在同一崖面上，且彼此近在咫尺。《石门颂》云“至于永平，其有四年，诏书开斜，凿通石门”意即永平四年（61），汉明帝诏令开褒斜道，并凿通此道所穿过的一段隧道。当时，尚无隧道之名，诏书中称其为“石门”。此二字榜书，即源于明帝之诏书，是为隧道命名的，其所在地当为明证。须知隧道两壁，继《石门颂》之后，题刻几满，而“石门”二字，以其捷足先登，才会占据优越之部位。“石虎”在石门对面的石虎峰下，此峰形似虎而有其名。“玉盆”在石门南约1500米处的河中巨石上，此石洁白似玉，中凹如盆，故有其名。“衮雪”在石门东南25米处的河中巨石上，其地水流急湍，波浪翻滚如雪，此二字为喻景之妙笔。其二，历史因素。上述4方榜书摩崖，都有相应的历史依据。前无先例的石门隧道开凿之后，

◎ “石门”“石虎”“玉盆”“衮雪”摩崖拓片

遵照汉明帝诏书，镌“石门”二字榜书为其命名，《石门颂》足以为证。“石虎”二字传为西汉隐士郑子真所书，郑氏为谷口（泾河之口）县人，虽原籍不在汉中，但游于汉中褒谷，亦在常理之中。石门南的“隐士钓台”，传为郑氏垂钓处，即郑氏在褒谷之游迹。“玉盆”二字，自右至左横列，传为张良所书。前206年，张良辞归韩，汉王刘邦送至褒谷。张良建议烧栈道，以迷惑项羽。刘邦许之，遂烧其所过之栈道。张良在此过程中，曾见“玉盆”胜迹，乃即兴题书。虽然系口碑所传，但传之有因。建安二十四年（219），曹操闻知夏侯渊被刘备部将黄忠斩于定军山，率大军自褒斜道进临汉中，在褒谷口附近观赏风物，看到石门附近的褒水之中，因石多浪激而翻滚如雪，遂即兴书写“衮雪”二字以状景抒怀。

《石门铭》摩崖

北魏永平二年（59），镌刻在褒河石门东壁的摩崖石刻。文27行，行22字，字径5～6厘米，楷书，王远撰文并书丹，石师武阿仁凿字；在《石门铭》右下方为《石门铭小记》摩崖，通高 98 厘米，宽 28 厘米，文 7 行，行 7 ~ 9 字不等，字径同前，楷书，与《石门铭》应同为一体。摩崖记述梁秦二州刺史羊祉以天险难升，表求自迴车以南开创旧路，诏遣左校令贾三德，领徒一万人石师百人共成其事，这是褒斜道改道至今迴车（今凤县东南）的重要依据，是研究古石门隧道通塞的重要史料。

石门铭

□门盖汉永平中所穿，将五百载。世代绵回，戎夷递作，乍开乍闭，通塞不恒。自晋氏南迁，斯路废矣！其崖岸崩沦，涧阁湮没，门南北各数里车马不通者久之。攀萝扪葛，然后可至。皇魏正始元年，汉中献地，褒斜始开。

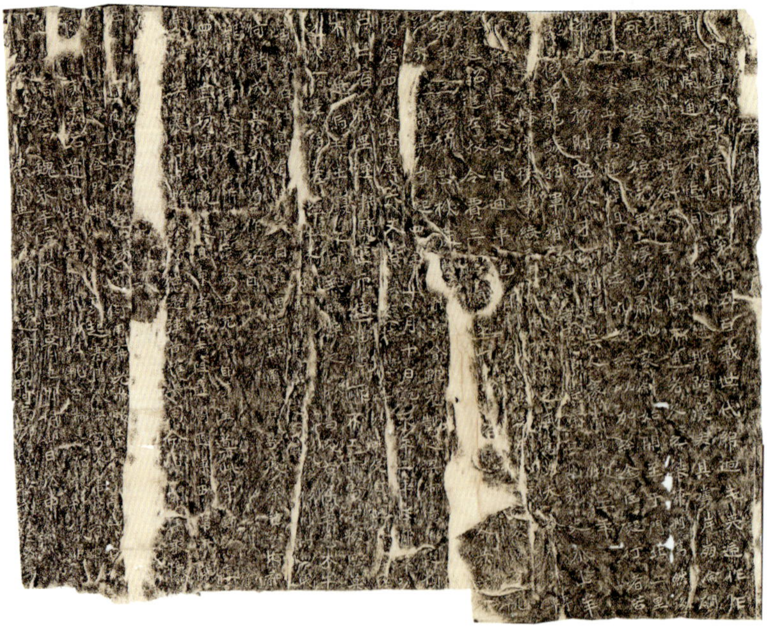

◎《石门铭》摩崖拓片

至于门北一里西上凿山为道，峭岨盘迂，九折无以加，经途巨碍，行者苦之。梁秦初附，实仗才贤，朝难其人，褒简良牧。三年诏假节龙骧将军督梁秦诸军事梁秦二州刺史泰山羊祉，建旟嶓漾，抚境绥边，盖有叔子之风焉。以天险难升，转输难阻，表就自回车以南开创旧路，释负担之劳，就方轨之逸。诏遣左校令贾三德，领徒一万人，石师百人，共成其事。三德巧思机发，精解冥会，虽元凯之梁河，德衡之损蹑，未足偶其奇。起四年十月十日，讫永平二年正月毕功。阁广四丈，皆填溪栈壑，平险梁危，自迴车至谷口二百余里，连輈骈辔而进，往哲所不工，前贤所辍思，莫不夷通焉。王生履之，可无临身之叹，葛氏若存，幸息木牛之劳。于是畜产盐铁之利，绔绵之饶，充牣川内，四民富实，百姓肩息，壮矣！自非思埒班尔，筹等张蔡，忠公忘私，何能成其事哉，乃作铭曰：龙门斯凿，大禹所彰，兹穴，肇自汉皇，导此中国，以宣四方，其功伊何，既逸且康，去深去阻，匪阁匪梁，西带汧陇，东控樊襄，河山虽险，汉德是强，昔惟畿甸，今则关疆。永怀古烈，迹在人亡。不逢殊绩，何用再光。水眺悠静，林望幽长。夕凝晓露，昼含曙霜。秋风夏起，寒鸟春伤。穹隆高阁，有车辚辚。咸夷石道，驷牡其駰。千载绝轨，百辆更新。敢刊崖曲，以纪鸿尘。

◎《石门铭小记》摩崖拓片

魏永平二年太岁己卯二月朔三十日戊申梁秦典籍太原郡王远书　石师河南洛阳县武阿仁凿字

石门铭小记

本西壁文后汉永平中开石门，今大魏改正始五年为永平元年，余功至二年正月，迄乎开复之年同曰永平，今古同矣哉！后之君子异事同闻焉。

贾哲字三德

《石门铭》记述石门通塞及褒斜道变迁之事，是一篇颇具权威的历史文献，又富有文采，不失为文学佳作，其书法技艺也达到了完美的境界，被誉为“不食人间烟火的仙品”。

《石门铭》的书风与石门汉隶有不可分割的承接关系。《石门铭》中，“石门”二字，已与《石门颂》中“石门”二字不同，但《石门铭》之楷法，有很多隶书痕迹，而这种痕迹是源于石门汉隶。《石门铭》的书者王远，虽祖籍山西太原，但随北魏的军队驻守汉中，书丹时已在汉中度过了五个春秋，加之《石门铭》就镌刻于石门隧道内壁，恰在《石门颂》《杨淮表记》《李君表》等汉隶石刻的对面，王远应该受汉隶之熏陶，难免在书丹时有所流露。

《石门铭》以圆笔入楷，不似龙门石刻多用方笔，可能因其远离朝廷而得野逸之趣；同时，也受到石门汉隶以圆笔成字的影响，就笔势而论，《石门铭》的点画沉着有力，起、落、中转都富于力度，涩笔之意味处处可见；而龙门之方笔魏碑，运笔流畅，施力点多在起落两端，点画比较光滑、平顺。涩笔直承于隶，顺笔俨然为楷。《石门铭》是上承篆隶之宗法，下开行草之先河。虽然行草并不始于北魏，但魏碑中的行草对历代书法的影响是不可低估的。因此，《石门铭》既是由隶变楷的实证，又是楷书向行草转化之先声。

晏袤《鄐君开通褒斜道摩崖释文》

此摩崖位于《鄐君开通褒斜道》摩崖下方，通高 270 厘米，宽 220 厘米，字径5厘米。摩崖记述南宋绍熙年间，南郑县令晏袤赴褒谷中，见《鄐君开通褒斜道》摩崖，感慨之余遂录其全文并作考释。

兹据《金石萃编》《褒谷古迹辑略》录文及近拓，其全文如下：

永平六年，汉中郡以诏受广汉、蜀郡、巴郡徒二千六百九十人，开通褒斜道。太守钜鹿鄐君、部椽治级、王弘、史荀茂、张宇、韩岑第典功作，太守丞□□杨显将陨用，始作桥格六百二十三间，大桥五，为道二百五十八里，邮、亭、驿、置、徒司空、褒中县官寺并六十四所。凡用功七十六万六千八百余人，瓦卅六万九千八百四器，用钱百四十九万九千四百余斛粟。九年四月成就。益州东至京师，去就安稳。

汉中郡太守鄐君修桥阁碑壹百五十有九字，汉明帝永平六年刻于褒余谷中，其纪号先《巴官铁盆铭》一岁。绍熙甲寅三月甲子，南郑令晏袤以堰□□□至褒谷，获此刻于石门西南险侧断崖中。先是，癸丑夏秋积雨，苔藓剥落，至是字画始见，□（古）法奇劲，古意有余，与光武中元二年《蜀郡太守何君阁道碑》体势相若。建武、永平去西汉未远，故笔画简古严正，观之使人起敬不暇。昔高皇帝兴王汉中，出散入秦，道由子午，途路涩难，自秦取蜀之石牛道开通石门，史虽不书，灵帝建宁五年，衡官椽仇审颂太守李翕《郙阁碑》云："嘉念高帝之开石门元功不朽"，则石门虽基于秦而开于高帝明矣。至威帝建和二年，汉中太守王升镌碑石门中，纪永平四年司隶校尉杨孟文以诏书通石门，则又从而广之。通道几五十年，至安帝初元年，西夷虐残，桥梁断绝，复循子午。凡十五年，至顺帝延光四年，诏益州刺史罢子午道，复通褒余，则此路自秦汉以来通塞屡矣。今碑刻于永平六年，载汉中郡以诏书受广汉、蜀郡、巴郡徒二千六百九十人，开通褒余道，太守钜鹿鄐君，部椽治级、王弘、史荀茂、张宇、韩岑第典功作，太守丞广汉杨显，始作桥阁六百二十三，大桥五，为道二百五十八里，九

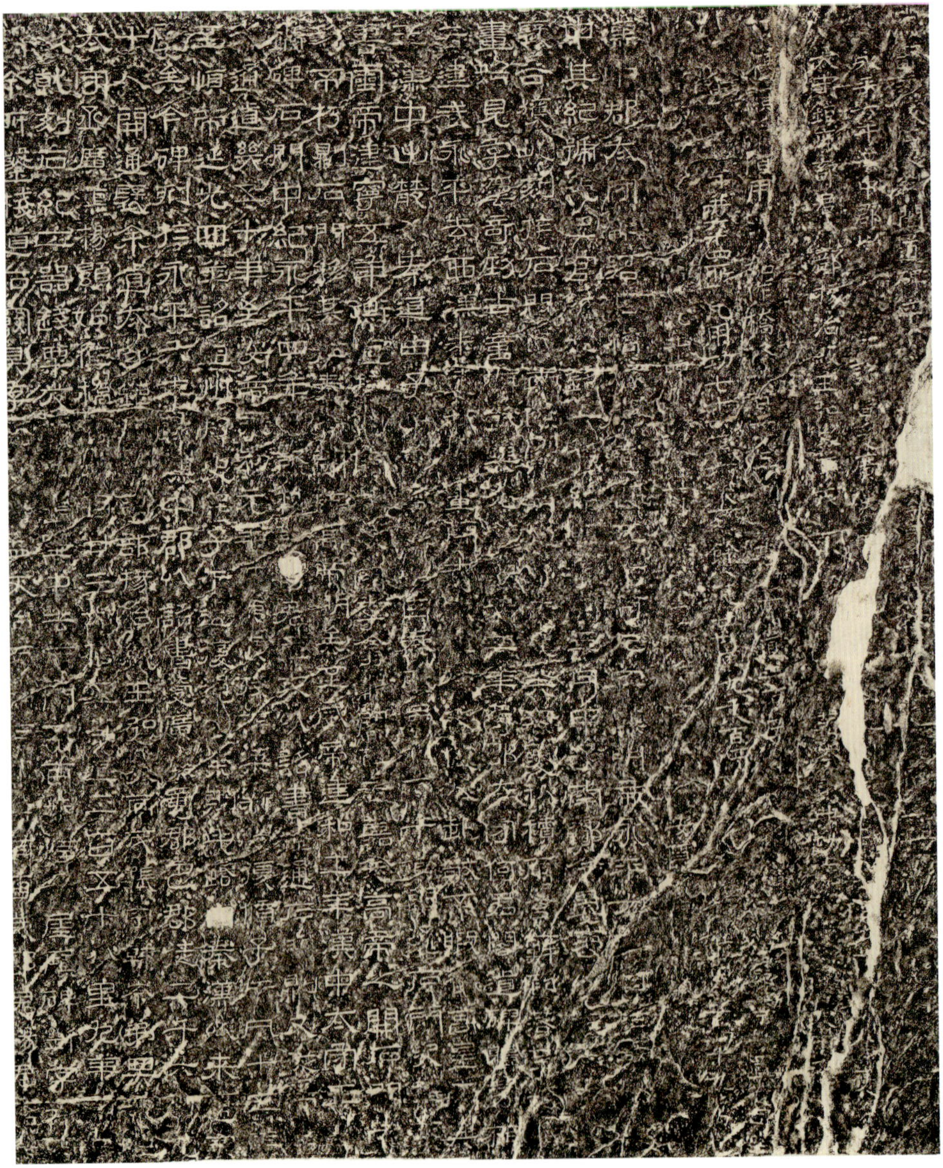

◎ 晏袤《鄐君开通褒斜道摩崖释文》拓片

年四月成就，刻石纪功器、钱粟之数于崖壁中，去石门不百步。惜乎崖倾碑断，字有亡阙，今所凿栈道石窍俱存，乃知杨孟文治石门于四年辛酉岁，鄐君、杨君治阁道于六年癸亥岁，而王升建和二年纪石门之功，以不及此桥格事。今乃遇壹千一百三十三年之后，物之显晦，盖有定数。如此鄐君、杨君为民兴此阁道，三年而后成，曾不讳劳，而史逸其名。非苔藓封护至今，必为风雨所剥，此名随磨灭矣！敬书碑阴，俾来者有以取信焉。

夏四月旬有六日，临淄晏袤书。

晏袤《释潘宗伯韩仲元李苞通阁道题名》

晋泰始六年（270），潘宗伯、韩仲元曾修治桥阁，时人勒石记其事。原刻不知所在，其重刻摩崖在石门南口之崖壁间，文云："潘宗伯、韩仲元以泰□六年五月十日造此"。南宋晏袤作《释潘宗伯韩仲元李苞通阁道题名》位于石门洞南山崖间，抄录晋泰始六年全文，并考证之。摩崖隶书，字径3～4厘米，残蚀严重。据近拓，参照《金石萃编》及《褒谷古迹辑略》所记，录全文如下：

魏潘仲伯、韩仲元、李孝章通褒斜阁道碑阴

潘仲伯、韩仲元记造桥阁十九字，绍熙甲寅始见于石门之南崖。其泰字下一字不显，止有六年以下字至此字下三字又不能识，微有偏旁。汉魏两晋以泰纪年者凡七，惟魏明帝有泰和六年，晋武帝有泰康十年，余皆一二年或四三年，则知此为泰和六年明矣。是岁，蜀建兴十年。先是太和四年，魏司马懿伐蜀。五年，诸葛亮围祁山，魏诏司马懿拒之。秋七月，亮复军。明年，亮休士作木牛流马，故魏人得入褒中治桥阁矣。后题景元四年三十八字者，魏陈留王年号。自泰和六年至此，凡三十有三年，则此二号皆魏之纪年无疑。其书荡寇将军云者，蜀张嶷亦有此将军号。荡寇将军浮亭侯李苞字孝章，复通此阁道于景元四年，蜀炎兴元年冬十一月，魏钟会、邓艾率

◎ 晏袤《释潘宗伯韩仲元李苞通阁道题名》拓片

众伐蜀，至江油降马邈，至绵竹斩诸葛瞻，刘禅诣艾降，巴蜀皆平。十二月，魏分益州为梁州，褒斜阁道于是乎通矣。庆元元年中秋日南郑令临淄晏袤书。

南宋《山河堰落成记》摩崖

此摩崖原在褒河石门南数十步河西侧山崖间，通高 226 厘米，上沿宽 510 厘米，下沿宽 506 厘米，四周鼓出约 15 厘米的边，崖面两端内收、中部外鼓呈曲形。文自右向左竖排 16 行，每行 9 字，字径约 20 厘米，隶书。共 135 字，摩崖记述绍熙四年（1193）夏季涨水，六堰尽决，是年秋，使者奉旨重加修葺，至次年二月落成。

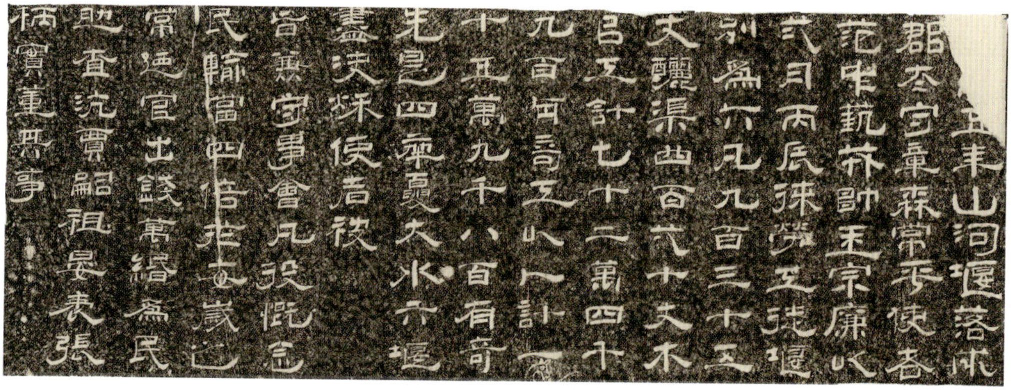

◎ 南宋《山河堰落成记》

□□五年，山河堰落成，郡太守章森、常平使者范中艺、戍帅王宗廉，以二月丙辰徕劳工徒。堰别为六，凡九百三十三丈，酾渠四百一十丈。木以工计，七十二万四千九百有奇，工以人计，一十五万九千八百有奇。先是四年夏，大水，六堰尽决。秋，使者被旨兼守事，会凡役，慨念民输当四倍于每岁之常，迺官出钱万缗，为民助。查沆、贾嗣祖、晏袤、张丙實董其事。

晏袤，山东临淄人，南宋绍熙和庆元（1190—1200）间客居南郑，任南郑县令。晏袤在任期间，对引水灌田的山河堰颇为关切。宋时褒水又名山河水，拦截褒水的水利设施，即称山河堰。相传此堰肇自汉丞相萧何，后为曹参所落成，因又名萧何堰或萧曹堰。历代增损无定，屡废屡修。此堰关乎人民之生计，致使县令晏袤曾数至褒谷查看，倘有损坏，辄予维修。

镌于褒谷中的石门石刻，就是在晏袤视堰过程中同他结下了不解之缘。晏袤不仅忠于职守，而且对我国的古代文化有深厚的感情和较高的鉴赏水平。晏袤还有考古的雅兴，且善文工书，每遇古物，尝考其原委。钩深致远，发前人之所未发。褒谷中列入“石门十三品”的三种南宋石刻，就是晏袤撰文并书写后勒石。

晏袤素有书名，其隶书势态生动，风韵十足。列入“十三品”内的三种晏袤手迹显然是以书法见称于世。唐宋以降，见之于石刻的文字多为楷书，间或题额用篆，而石门所在地及其南北山崖间的三十多种宋代摩崖，绝大多数皆为隶书，这可能与石门汉隶的影响有关。晏袤之隶书，自然也不例外。我国的文字发展到宋代，继承前代之真、草、隶、篆，诸本皆备。在书法艺术上，注重帖学。宋代的隶书，虽其使用价值相应减少，但作为书法艺术，仍不失为书坛奇葩。宋人习以为楷，作隶时难免以楷法入隶。宋隶与楷书之区别，多在横笔的写法不同。隶之横笔长而有波势，楷的横笔短而平直。特别是横笔中的主笔，书隶时最为要紧，此笔之成，隶势骤起，此笔之败，全字黯然，甚而导致全局皆败。此法传之后世，尤为今人所宗。晏袤的隶书，在宋隶中别具一格，其显著特色是汉隶的痕迹较重。晏袤隶书的另一特色是富于笔姿，同一字好用多种写法。在追求书姿时，尤喜用多笔字，这说明晏袤作书有以繁为美的审美观念。

叁

龙兴之地

西汉三遗址

第三章　龙兴之地——西汉三遗址

“大风起兮云飞扬”，在风云际会的秦汉之际，汉中跃入历史舞台：刘邦分封为汉王，萧何月下追韩信，筑坛拜将，明修栈道、暗度陈仓，北定三秦等一系列脍炙人口的重大事件，在汉中生发推演，促成了“大汉”时代的来临，汉中由此被誉为西汉王朝的龙兴之地。岁月沧桑斗转星移，被人们称为“西汉三遗址”的古汉台、拜将坛、饮马池是汉中重要的历史遗迹，自古以来如同纪念碑一样证实这一段辉煌历史。古汉台相传为汉王刘邦驻跸之地，经过历代修葺与完善，集储南北风格，后世视为汉代基业的象征，它是高台园林建筑的佼佼者，素为汉郡之胜景。拜将坛是汉王刘邦拜韩信为大将的古坛场遗址，作为楚汉相争历史风云生发之地，昭示一种求贤若渴的胸襟，一种献身报国的精神，让中华文明历史得以威武雄壮地演进传承。饮马池又名“东湖”，相传汉王刘邦常常饮马于此，清代嘉庆汉中知府严如熤创建“三台阁”，与城东净明寺塔遥相呼应，“东塔西影”遂为汉中“八景之一”。“西汉三遗址”是汉中重要的不可移动文物，是“两汉三国　真美汉中”的亮丽名片。

一、汉基肇始——古汉台

古汉台位于汉中古城的东南隅，台高 8 米，占地 18000 平方米。台垣高耸，气势宏伟，周砌坚石，俨如城垒。相传此台是汉高祖刘邦为汉王时的宫廷遗址，史载汉高祖元年（前 206）春，刘邦在萧何的劝谏下，来汉中屈就汉王之位，建都南郑。刘邦其志在夺取天下，于是便广纳人才，操练士卒。四月之后，用韩信计，兵出散关，还定三秦。刘邦北上之时，遂命萧何留守汉中，足食足兵，后来夺得天下，建都于长安，作为“次都”的南郑，遂有“帝业所兴，不封藩王”的政治荣耀。

自汉以降，历代汉中最高行政官员多将府署官衙设于其侧，因此汉台就成为“以出政治，以接宾朋，以奉亲闱，以栖僚属”的重要场所，成了府衙的重要组成部分。唐代的德宗、僖宗因避战乱曾驻跸于此；北宋的文同，南宋的王炎、虞允文、陆游，明代的何景明，清代的毕沅、王士正、李柏都曾在此办公或宴游。南宋绍兴，明代洪武、嘉靖、万历、崇祯年间都曾对府署屡加修整。清嘉庆《汉南续修郡志》这样记载：“署东汉台，不知创自何年，盖古迹也。”清代的陈毓彩作《汉台》诗：“赤帝龙兴事已陈，层台巩固尚如新。窗收栈道千峰秀，座揽梁州万树青。当日宫廷湮故迹，此时郡国有仁人。迎来便洒随车雨，犹忆三章改暴秦。”古汉台作为汉王刘邦在汉中诸多史实之一，具有纪念意义。

历代在任的汉中官员们对古汉台均情有独钟，不忍睹其屡遭兵火、墙屋倾圮、任其荒芜之现状，竭力倡修，恢复旧观，增其规模。见于记载的有：明弘治十六年（1503），知府周东建洗心亭于古汉台；清康熙十年（1671），知府钟琇建喜雨亭于汉台；康熙二十六年（1687），知府滕天绶修葺古汉台；

◎ 俯览古汉台

康熙三十七年（1698），知府陈邦器重修古汉台，建清晖亭于台之东北隅；乾隆初年，知府朱闲圣修葺汉台东廊射圃；乾隆三十二年（1767），知府王时薰重修清晖亭，并作《清晖亭记》碑；嘉庆时，知府严如熤新建一草亭；道光时，知府段大章修镜吾池、枕松舫；同治十年（1871），知府刘堃修葺正屋配厅；民国二年（1913），陕南观察使南兆丰重修汉台；民国四年（1915），道尹孙荫重修署内九间楼；民国七年（1918），道尹张士秀重修望江楼；民国十四年（1925），汉中道尹阮贞豫重修汉台，并新建竹林阁以聚贤才。

此外，历代郡守董遂、程廷相、高元焜、周廷俊、汪元龙均相继增修。至此，古汉台上亭、台、楼、榭蔚然大观。桂荫堂、望江楼、喜雨亭、枕松舫、镜吾池、清晖亭、一草亭、蓬莱仙馆、西华厅等左右前后，交相辉映。阮贞豫于民国十五年（1926）在汉台创建了“淑行初级女学校”和“正蒙初级男学校”。1929年，古汉台上设立了汉中联立图书馆。汉中文人、学子多雅会于此，群贤毕至，少长咸集。吟诗作赋，盛极一时。1932年前后，汉台是中共陕南特委的秘密活动据点。后来由于抗日战争和解放战争相继爆发，国内经济凋蔽，汉台失修。中华人民共和国成立初期，古汉台上除望江楼、镜吾池外，大多数景致或只有其名而无其实，或破败不堪。

中华人民共和国成立后，古汉台这一历史古迹，在党和人民政府的关心下，得到了保护和修复。1958年，在全国大办博物馆的热潮声中，汉中市的党政领导决定以古汉台为馆址，创办汉中市博物馆。汉中社会贤达闻风而动，纷纷无偿捐献家藏文物，很快丰富了馆藏。又新建了东大门，正式向社会开放，成为陕南当时第一家最具规模的地方综合性历史博物馆。

望江楼位于古汉台北院，高19米，平面呈八字形，面阔三间，分为上中下3层，重檐三滴水，中垂脊，第3层当心出檐抱厦，次间较低、错落有致；翼角构造弧线长大，形成丰富多变的轮廓线；门窗、檐口、角梁、斗拱、雀替等多处带有精致木雕和彩绘梁枋，与其他建筑相比，形成鲜明特色。望江楼因势而起，自古以来，人们都在此登高眺远，清乾隆年间陕西巡抚毕沅写下“云淡三山月色幽，敛藏烟雾照高楼”；清初文豪王士祯奉康熙旨去四川主持乡试，经汉中时登楼望江，诗兴大发，写下“万垒云峰趋广汉，千帆秋水下襄樊”的名句。汉中也出现“望江楼，望江楼，秦地南来第一楼，望江楼上望江流，江流如画流”的民谣，望江楼被誉为“秦地南来第一楼”，是汉中古城的标志性建筑。

◎ 望江楼

桂荫堂位于古汉台中院，始建年代无确切记载，清嘉庆《汉南续修郡志》卷六载："（台）中有榭三楹，豁达开畅……有古桂数株，花时清芬袭人"，这应该是桂荫堂的前身。桂荫堂在清代已负盛名，旅汉的文人学士多慕名来访。"秋来古桂满树花，散得清香飘万家。本身枝枝生自真，荫流千载总繁华"，这是当时汉中道尹阮贞豫以《桂荫堂》为名的诗作。岁月流逝，时事纷乱，这座颇有名气的建筑在中华人民共和国初期已凋敝破坏，20 世纪 90 年代经过多方呼吁，在原址上复修了桂荫堂。复修的桂荫堂为庑殿式

◎ 桂荫堂

建筑风格，气势恢宏，宽博大方。

镜吾池位于古汉台的中院，修建于清道光年间，长 13 米，宽 6 米，深 2 米。池沿为条石，池壁为卵石砌筑，中有一座三孔拱桥。桥拱正中两侧石条上分别镌有“龙”“虎”二篆字，池周有石雕围栏，池中有石雕花盆，水波荡漾，锦鲤戏水，游人驻足，润泽之气，扑面而来。此池雅名“镜吾”，即以水为镜之意，原为汉中道署十景之一，有诗赞曰：“池溏如镜水平芜，照得今吾即故吾。莫笑萍踪飘不定，春风一约自同趋。”此诗由著名书法家、原中国书协主席苏士澍先生书作隶书，刻在一天然巨石上，立于池侧，供游人观赏。

◎ 镜吾池

“月台苍玉”是古汉台重要古物之一，通高 103 厘米，直径 105 厘米，腰围 330 厘米。小圆平顶，顶径 50 厘米，颈高 5 厘米。宽肩，鼓腹，腹下收为圈足，足高 22 厘米，足径 70 厘米。肩至腹有面积约为 0.4 平方米的两处人为的切削面，一切面壁上有一小孔，可容手指插入转动，天长日久，游人寻趣，磨擦得十分光亮润滑。腹周镌有四个兽面耳饰，表面纹路繁缛，整

◎ 月台苍玉

体造型庄重沉稳，优美古朴。由于饱经沧桑、风雨剥蚀，越发显得斑驳陆离。较早记录这件宝物的是清初学者王士祯，康熙十一年（1672），王氏奉命去四川主持乡试，路经汉中，在府衙见到此物，立即引起他的兴趣，当即作了记录，并收录于所著《分甘余话》之中。之后，清嘉庆《汉南续修郡志》、民国《续修南郑区志》在古迹条目中均作了如是记载。清光绪十年（1884），任汉中知府的刘子铨见到此物，然作古体诗《月台碧玉长歌》咏之。光绪十九年（1893）三月由郡人夏培元书丹，西蜀人周述万刻石立于汉台，该碑现存汉台中院。此后，来汉台游览的海内外游客日渐增多，争相目睹这一古物，于是"月台苍玉"名声大震。或许因为汉中曾是汉高祖刘邦的龙兴之地，人们便把"月台苍玉"和刘邦联系起来，诸如相传此石为刘邦的上马石、试剑石、汉王宫廷柱础，残缺为刘邦剑劈所为等动听的故事，颇引人入胜。

望江楼东侧有一钟亭，放置古铜钟一口，总高 158 厘米，纽高 40 厘米，鼓腹、螭纽，口微敛，重约千斤。为汉中古城内仅存的古代佛教寺院内之遗物，此铜钟造型异常精美，从设计到铸造，均系技艺高超的工匠所为。钟纽呈三角形，为相对翻卷盘绕、形态生动的双兽组成。钟顶为小圆顶，微平，至肩为斜面，肩周沿突出有 32 片莲花瓣。自钟肩至钟口，有半圆凸形纬线与经线线条将钟表面分割为上下八个方格。方格之间中部又有四个半浮雕葵花纹图案与上下经线相连形成界格。上部四个方格内为半浮雕飞天童子，彩云烘托，衣带飘荡，作徐徐降落之势，表现出“化生童子见飞天，落花空中左右旋”的极乐境界。下部方格内为形态各异的半浮雕走兽，以狮形为基调，综合了虎、龙等多种动物的特点，表现出作者高度凝练和丰富的想像力。民国《续修南郑区志》卷五载：“古铜钟，昔在北门关帝庙内，其上无铭，而刻镌极其精巧，盖明瑞王宫中物也。前道尹孙荫移悬南城门楼上。前镇守使管金聚又特为建亭置镇署内（今市歌舞剧团），大书‘古钟’额以志之。”这口古钟，幸免于明清战乱的劫难，自明末至民国初期，一直得到了妥善保护。后来，又将其移于城北天庆庵（今北校场区文化馆）内置亭中让人观赏。1961 年，移至古汉台建钟亭陈列，给古汉台增添了不少肃穆、祥和的色彩。

◎ 汉台铜钟

古汉台镌碑立石至清末已有一定规模。民国十四年（1925），道尹阮贞豫建竹林阁，将汉台旧存碑刻及新镌碑石嵌立壁间，“宝藏阁中，洋洋大

◎ 汉台碑林

观也”。后来数十年间，汉台先后有不少机关、单位进驻，原有碑石遭到损毁，甚至作为建筑材料，埋入基石之中。1958 年建馆后，对汉台碑刻妥加保护，并先后陆续征集回碑刻近百方。1988 年，为改善汉台环境面貌，将中院南侧一排旧平房拆除，新建碑廊嵌立了部分碑石。1995 年 5 月，将所存于院落间的碑刻在碑廊和南院壁间嵌立完毕，计有碑刻 150 余方，形成了以中院、南院碑廊为主体的汉台碑林。内容有记事、颂功、书法等类型。最早为南北朝时期的南朝宋元嘉十九年阁道碑，近至 1942 年由黎锦熙所撰《画家孙竹青女士墓表》，从不同角度，反映了汉中各个历史时期政治、经济、文化的一个侧面。既可与汉中史志相印证，亦可补史志之缺漏，不少碑刻具有较高的史料、艺术价值，为研究地方史提供了弥足珍贵的实物资料。

兹将重要碑刻例举如下。

元嘉十九年阁道碑

此碑为汉中市民杨承伯先生于 1980 年捐赠。碑文记述了宋文帝元嘉十九年（442）二月，仇池氏首杨难当举兵侵犯汉中，强攻阁道，朝廷诏遣益州刺史陆徽带军亲克，退敌后为全军将士庆功一事。但碑文所记与史书稍有不合之处，据《宋书·卷五》

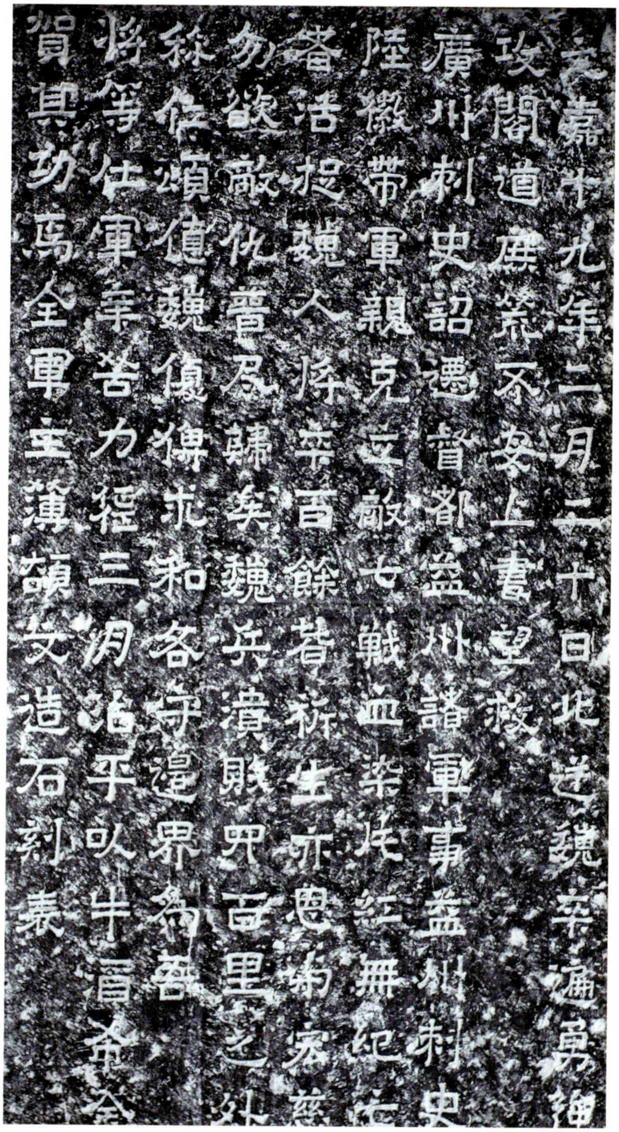

◎ 元嘉十九年阁道碑拓片

记载，元嘉十八年（441）十一月，杨难当寇汉中，十二月朝廷遣龙骧将军裴方明与梁秦二州刺史刘真道讨之。元嘉十九年五月，刘真道、裴方明征讨杨难当于甘肃仇池。《宋书·陆徽传》记述陆徽任督益宁二州诸军事、益州刺史是在元嘉二十三年（446），之前未见其有在汉中征讨北逆的记载。因此，对该碑的史料价值有进一步探讨的必要。此碑书法是隶书向楷书过渡时期的书体，楷体初具规模而隶意犹存。与稍早之晋《爨宝子碑》书法有异曲同工之妙，朴厚古拙，奇姿百生。而其中之简体字如“称”“与”“尽”等在北碑石刻中亦较少见，不失为该碑特点之一。

重修山河堰记碑

南宋乾道七年（1171），阎苍舒撰并书。始立于汉中市北河东店山河庙，后损佚。1982年河东店小学基建时出土，残存仅为原碑的四分之一。楷书，字径2.5厘米。碑文记述了乾道六年（1170）十月至乾道七年正月，四川宣抚使王炎命兴元府知府、利州路安抚使吴拱受旨发役重修山河堰事，并由官府出资三万余缗，征召长岁水夫、官军民兵等14000余人，开赴褒河（又名山河水）工地，对山河堰进行大规模的修葺，总用工量五十三万五千余个。修复后的山河堰，可灌溉南郑、褒城田155.33平方千米，不仅解决了当时军民所需，亦为之后汉中农田水利建设奠定了坚实的基础，是两宋期间规模最为浩大的一次修葺工程。撰书人阎苍舒，字才元，四川崇州人（一说山西太原人）。乾道间曾任城固县令，在任“化民以德，不任刑罚。躬行礼义，以身先之。民皆悦服，风俗丕变”。淳熙十二年（1185）任兴元府知府，著有《兴元志》二十卷，已佚。诗词文章皆负盛名，书法上承唐代的欧阳询，工整俊秀，极见功力。

加封张恶之为文昌帝君碑

元代延佑三年（1316）七月立石。无书碑人姓名。楷书，额有篆书

“皇元加封”四字，保存完好。原立于汉中城内文昌宫（城西南顺城巷）内，1980年前后移置于古汉台。约在晋代，四川梓潼县有一人姓张名亚，字恶子，入仕为朝廷战死，被当地人供奉为恶子神。传说唐代玄帝、禧宗避乱幸蜀得其“神灵”护佑，地位渐高，宋初恶子神被封为英显王。据说恶子神对人的功名前程颇显灵验，仕子纷纷前往进香，后来各地陆续立祠祭祀，成为全国供奉之神。元代统治者也承认其主文运的功能，延佑三年，元仁宗下诏加封梓潼恶子神为“辅仁开化文昌司禄宏仁帝君”。此碑系元仁宗下诏加封时而立，内容为皇帝圣旨。此碑对研究汉中的宗教史极有史料价值。

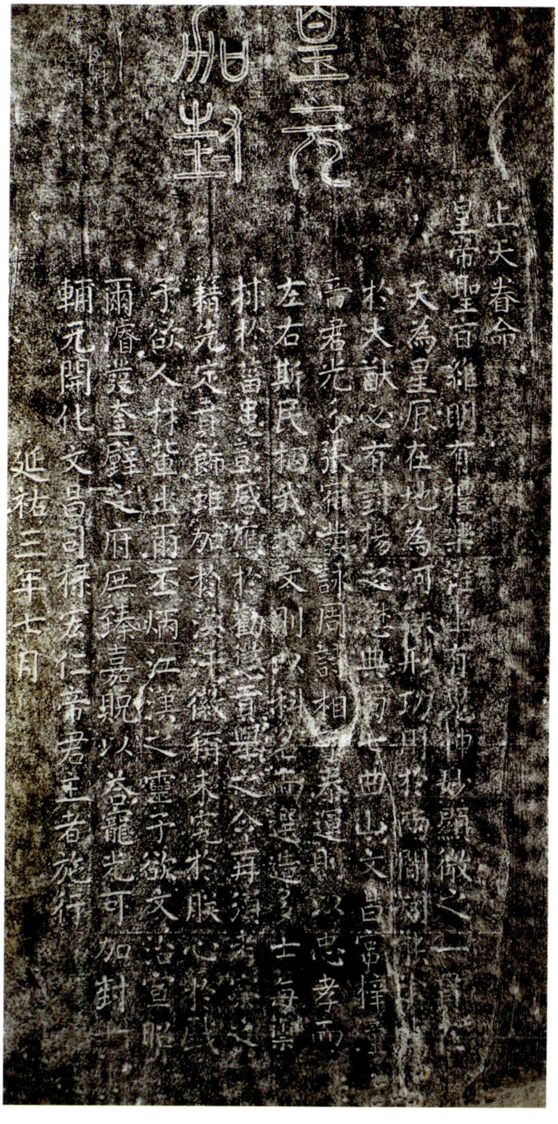

◎ 加封张恶之为文昌帝君碑拓片

汉中府新建城东洗心亭记碑

明弘治十六年（1503）三月，汉中知府周东（号雨村夫）将弘治十四年（1501）所作《汉中府新建城东洗心亭记》《汉中府新建城西枕流亭记》《汉中府新编洵阳县双獭里名记》、十六年（1503）所作《汉中府修城记》《汉中府修学庙记》等五篇记文用小楷书丹立石于汉台。碑石保存基本完好，碑座系1998年所加，现立于中院镜吾池西侧。《汉中府新建城东洗心亭记》碑文告诫人们，尤其是为官者要经常洗去身心之垢，心之垢不可不洗。心之垢包括四点：一是“轩冕”，即对名誉、地位的一味追求；二是“珠玉”，即对金钱的贪婪、掠取；三是“生死”，即贪生怕死；四是“逸乐”，即及时行乐。身之不洗，只垢之己体。心之不洗，则有害于家、有害于国、有害于天下。经常洗心洁虑，方可不被私欲所惑。明弘治十四年（1501）十月，周知府在汉中城西八里建一亭，名曰“枕流”。《汉中府新建城西枕流亭记》是一篇与客人有关“流水之形韵”的对话，极富哲理。周东认为，凡天地万物均可以“枕”之方式观察其动变，从中得到感悟。水有形有韵，以形而视流，流之动不过百里。以韵而视流，则流之功可润及一躯、一郡、一藩、一国，可润及天下、四夷、后世。碑文内容类似于《汉中府新建城东洗心亭记》，目的在于教诲人们仍然要“悠然而超乎于富贵、轩冕、荣辱、欣戚”之外。明代弘治年间，今安康之旬阳县归汉中府所辖。明代以一百一十户为一里，相当于今天一个大的行政自然村。弘治十四年（1501）十月，周东奉命编查“里”的这一级行政建置，唯旬阳县有里无名。一日，乘舟行于旬阳汉江之中，见二水獭盘旋于舟头久而不去，船夫以手掬之，竟得水獭所捕之肥美锦鲤。周知府颇感神奇，遂以双獭命为里名，《汉中府新编旬阳县双獭里名记》记录了此事。《汉中府修城记》碑文记载了明弘治十五年十一月至次年二月，汉中府城军民捐资、捐物、出工共同修葺府城墙之事。周知府自始至终监督完成，共修葺城墙9.3里（4650米），翻修城上角楼等建筑物56座，而官府仅耗费白银675两，可算是一个上下齐心协力，共襄盛举的奇迹。《汉中府修学庙记》汉中学庙即文庙，原址在今汉中市政府院内，建于元代至元三年（1337），元末毁于兵火。明洪武五年（1372），汉中知府费震依原旧址重建。明成化十一年（1475）汉中知府陈玑再次扩建，并始建棂星门。弘治十五年（1502）十一月，知府周东命工修葺，并新凿泮池，于池上建三石桥以通往来，碑文记述了修葺经过及周知府的感慨。

此碑碑阳有“时雨亭”三个大字，是驻军汉中的右都御史太子少保彭泽所书，汉中知府杨一钧题跋，跋文详细记述了彭泽于正德七年至九年（1512—1514）镇压由河北文安爆发的刘六、刘七为首的农

◎ 时雨亭碑拓片

民起义军及歼灭四川农民起义军之残部廖麻子的经过，此碑对研究明代中期河北及四川农民起义有珍贵的史料价值，在全国也不多见。彭泽所书“时雨亭”字大如斗，杨一钧书法以颜楷擅长，亦有可观之处。

新修文昌宫记碑

明万历二年（1574）二月立石。双行篆字额“敕修文昌宫记”。汉中知府翟涛撰文，同知付希孟撰额，通判罗俊英书丹。原在汉中城文昌宫内，1980年前后移于汉台。碑文记述汉中知府翟涛委派南郑知县李梓、主薄寇思舜督工维修文昌宫一事，是研究汉中古代对文昌帝君神崇拜的实物资料。

张弼狂草碑

狂草书法碑刻两通，款署东海居士。汉台旧存，现立于南院碑廊。东海居士系明代成化年间进士、江西南安知府张弼晚年的雅号。张弼诗文俱佳、兼工书法，尤以草书著称。世评其狂草：酒酣兴发，倾刻数十纸，疾如风雨，娇若龙蛇，欹如坠石，瘦若枯藤，狂书醉墨，流落人间，海内外争购其迹，世以为颠张（唐代狂草大家张旭）复出也。张弼生前并未游历汉中，此碑系据清代的收藏家所出示之藏品摹刻，约刻于清代末年。

其一：王羲之欲往都下，醉而题壁，献之乃潜拭去之，易以己书。乃羲之归而视之，惊曰：吾去时真大醉耶！献之闻而内愧焉。此可见王氏父子之优劣也矣。东海居士书

其二：怀素书如寒猿饮水憾枯藤，壮士拔钉伸劲铁。又云：如奔蛇走虺势入座，骤雨狂风声满堂。又若悬岩坠石，惊电遗光。诚书法之奇绝也耶！东海居士

孔子祀典说碑

此碑为明嘉靖九年（1530）十月二十八日，汉中府奉旨镌立的明世宗朱厚熜有关诏改孔子之封号“大成至圣文宣王”（元大德十一年加封）为“至

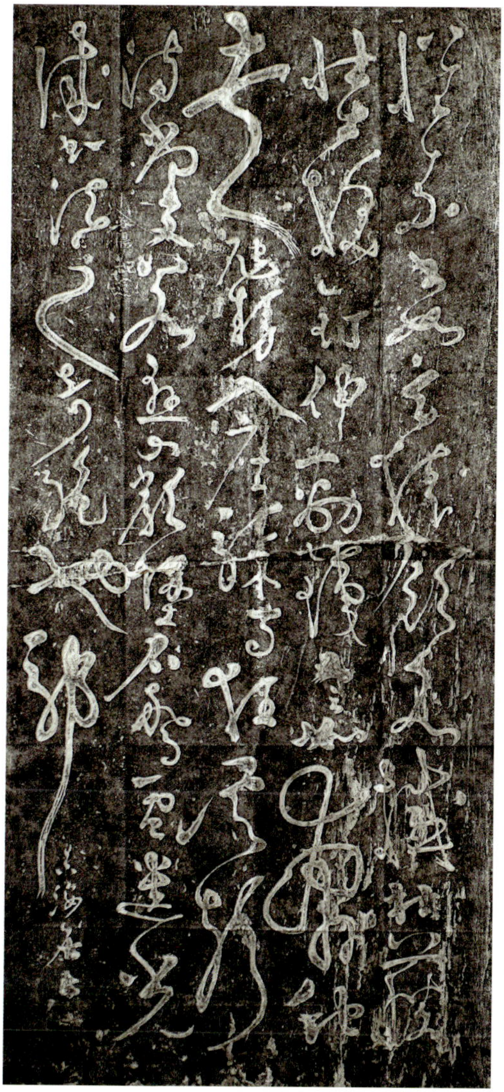

◎ 张弼狂草拓片

圣先师”的经过和将祭祀之“号典服章”之规定谕示天下的内容。楷书，文系皇帝圣旨，故地方立碑时不刊书碑、不立碑人姓名。现立中院碑廊，对研究古代文庙的祭祀活动有一定的史料研究价值。

药王庙祭文碑

此碑立于镜吾池东北侧，碑趺、碑身、碑帽完整无缺，高约 4 米。1998 年 1 月在城内莲花池南汉中师范学校家属楼建筑工地出土。碑趺为长方香案形，四角虎腿，前后为二龙戏珠，两侧为浮雕腾龙图案。碑帽为浮雕盘绕之双龙，中刻祭文二篆字。碑正面刻有楷书祭文数行。明崇祯二年（1629）大吕月（即二月），立于莲花池南新建之药王庙内。朱常浩系明神宗第五子，万历二十九年（1601）受封为瑞王，封藩汉中，并兴建瑞王府于南郑城内。天启七年（1627）入居瑞王府，至崇祯十六年（1643）十一月，因避李自成兵乱入蜀。前后在汉中 17 年，是汉中历史上居住时间最长的一位藩王。此碑巍然巨制，颇有王侯气象，是目前汉中仅见之碑刻文字中有“瑞王”二字的碑石。同时出土有《新建药王庙记》碑帽，惜碑身无存，内容不得而知。但以此碑形制而视，当时的药王庙颇具规模。

万寿寺佛像碑

万寿寺原在城内南大街以西万寿寺巷。据清嘉庆《汉南续修郡志》载，该寺始建于明洪武十六年（1383），今寺庙不存，“文化大革命”后此碑由寺庙旧址移于汉台，现立于南院碑廊。同时移来汉台的还有“万寿宫”欧体榜书碑，书法颇有功力，现立于南院壁间。该碑线刻千手观音菩萨像一尊，像上部刻“大

◎ 万寿寺佛像碑拓片

悲心陀罗尼神咒”经文一篇，千手观音像圆润端严，盘腿端座于莲台之上，最上端之双手高举，拱托如来佛像一尊。明崇祯六年（1633），分守汉羌等处地方参将解文英立石，汉中府儒学生员邹毓孟书丹，刘泽镌刻，此碑刻是研究汉中明代佛教绘画的实物资料。

贾大司马修栈道碑

清康熙三年（1664）岁末分镌立于汉中市北褒谷口之鸡头关和宝鸡市南之煎茶坪。立于宝鸡之碑已毁，立于汉中者幸存，并于1985年移置汉台，现存中院碑廊。此碑是研究清代连云栈道的珍贵实物资料。碑文记述时任兵部尚书的贾汉复奉朝廷之命来汉中视察城防，因历经连云栈道之险而决心尽削危岩，更为坦途。于是捐金募工，指授方略。遂与汉中知府范发愚组织汉中、凤州两地士民经过三个月的整修，共用去69083个工时，使300千米连云栈道畅通无阻，在中国交通史上留下了不朽的功绩。尤其是将留坝青桥驿之南的阎王碥一段化险为夷，更名为观音碥，使后之文人学士如宋琬、梁清宽、王士祯等对其功绩大加称誉。

王士祯诗碑

清康熙十一年（1672）六月，时任户部郎中的王士祯奉命由京赴蜀主持科考。于七月初五进入汉中留坝地界，十四日离汉中宁强入蜀。在汉期间，曾客居于古汉台考察古物，并浏览了明瑞王府遗址，拜谒了勉县武侯祠墓。对汉南的秀美山川、淳厚民风留下了很深的印象，写下了吟咏汉中的诗作多首。康熙三十五年（1696）后，王士祯再次来到汉中，南郑知县魏寿期热忱款待并将王氏所作汉中诗刻成诗碑留世。此碑原在汉中考院，现立中院碑廊。从残留字迹辨析，刻有《次汉中府》《汉台》《女郎庙》《勉县谒诸葛忠武侯祠》《武侯琴室》等诗。王士祯，字贻上，号阮亭，别号渔洋山人，山东济南人，顺治进士，官至刑部尚书，清代著名学者，著有《精华录》《渔洋诗文集》《蜀道驿程记》《带经堂诗话》等。

栈道杂诗碑

清康熙四十四年（1705）春，提督山陕学政内阁学士兼礼部侍郎汪灏来汉中主持科举考试。公余，将其自宝鸡经连云栈道来汉中沿途所作的杂诗十首铺纸挥毫而就，后分刻三石立于汉中考院（其旧址在今汉中军分区内）。1985 年移于汉台，现存中院碑廊。这十首栈道杂诗，记实、写景、抒情融为一体，将栈道沿途的自然景色、人文景观及作者的感受融汇于笔端，描写生动、抒情真切，颇具诗情画意。该碑不仅有较高的文学艺术价值，也是考察连云栈道历史和研究清代秦岭山区自然生态的重要资料。作者汪灏，字文漪，又字天泉，东郡人（今山东长清县西），康熙进士，曾巡抚河南，莅事明快，所部肃然，著有《倚云阁诗集》等。汪灏书法师承二王，柔中有刚、自由奔放，很有欣赏价值。

果亲王诗碑

清雍正十二年（1734），世宗胤祯命圣祖玄烨（即康熙皇帝）第十七子果亲王爱新觉罗·允礼经川陕栈道赴川西康定，护送达赖喇嘛还藏，并沿途巡视诸省驻防，曾捐款修葺勉县武侯祠并题匾留诗。途经褒城七盘山鸡头关时，即兴挥毫作诗一首，后镌碑立于关头。诗曰：“不送千门晓，昂然七曲山。何如鹦鹉语，伴客出重关。”无年月，款署果亲王题。此碑于 1985 年移于汉台，现立于中院碑廊。字大如拳，有数字在“文化大革命”中被人凿毁。行草书体，秀雅流畅，亦见功力。

“汉台”大字碑

此碑于 1996 年冬在汉台桂荫堂复建工程中出土，楷书柳体“汉台”二大字，字径 60 厘米，上款：“乾隆三年三月二十五日”；下款：“郡守朱闲圣重书”，现立于汉台中院。同时出土的有朱闲圣书“丛桂留人”大字碑。朱闲圣，浙江山阴人，清雍正十二年（1734）任汉中知府，“振兴文教，创立书院，汉南士习，为之丕变”。曾捐资修葺汉南书院、汉台东廊射圃等，

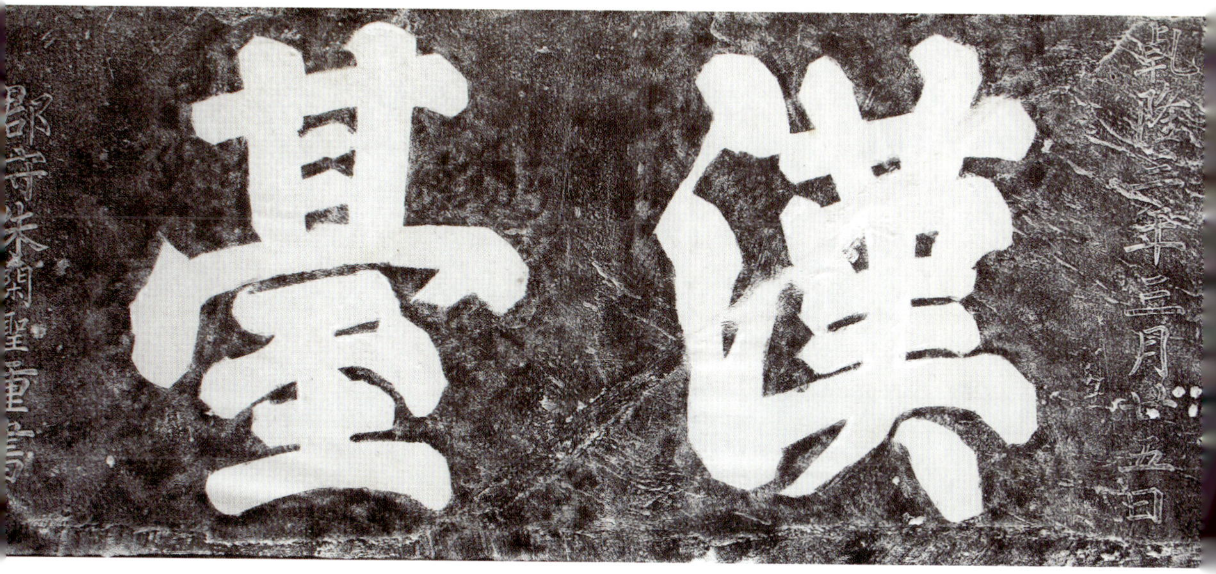

◎ “汉台”大字碑

在任颇有政声。此碑对研究汉台的历史及名称的沿革有重要意义。

重葺清晖亭记碑

此碑系汉台旧存，乾隆三十二年（1767）立石。王时薰撰文，金徐有书丹。行楷书，清瘦秀雅，有晋唐人法度。王时薰，河南武安（今河北邯郸境内）人，廪贡生；乾隆二十年（1755）武举，二十四年（1759）任汉中知府，在汉中时间较长；倡文化、重农桑，有政声。清晖亭原在汉台北院东北隅，为康熙时汉中太守陈邦器始建。王时薰广基址、拓规模，捐奉禄而修葺一新，故为之作记。

汉中府修补城垣记碑

清嘉庆二十年（1815），汉中知府严如熤立石。楷书，无书丹人姓名。原石立于府城墙东南角之三台阁，“文化大革命”中因墙阁俱毁，后将此碑移于汉台，现存汉台中院。嘉庆十七年（1812）五月，陕西巡抚董教增奏乞朝廷拨款，并委任汉中知府严如熤对汉中府城墙加以修葺。动工于是年十月六日，工竣于第二年十二月八日。碑文详细记载了修补城墙的段落尺寸，及维修城门楼、角楼、碉楼等建筑物的工程数量，并对工程质量执行了包固年限。为严于律己，严知府特立碑为据。此碑是研究汉中古城池规模、兴废及工程质量监督的不可多得的实物资料。

“沅湘挹秀”碑

楷书大字碑，汉台旧存，现立于汉台中院，无书者姓名，似为严如熤所书。碑阴有篆书“酾沉澹灾”四字，内容与严执政前汉中曾遭白莲教起义，连年兵燹之乱的政局、社情相符。

汉忠武侯诸葛公八阵图注说碑

八阵是我国古代流传下来的一种形制奇特、威力巨大、复杂多变的军阵法则。诸葛亮进一步继承研究，用于练兵与实战。据《三国志·诸葛亮传》载："亮性长于巧思……，推演兵法，作八阵图，咸得其要云。"推演，即推进、发挥之意，说明诸葛亮的八阵图并非其独创，而为其所仿。此碑由清同治年间的褒城县教谕罗秀书撰，分镌八块原嵌立于褒谷石门洞内，约刊于同治十年（1871）前后。隶书，工整严谨，秀丽可观，但失于板滞。1970 年由褒谷迁回，现立于中院碑廊。

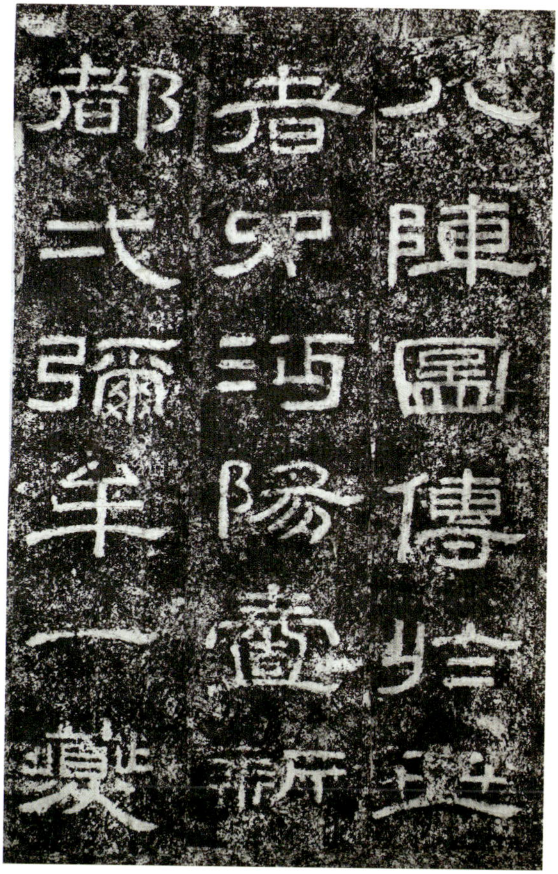

◎ 汉忠武侯诸葛公八阵图注说碑拓片局部

石门道记碑

《石门道记》是清乾嘉时为官褒城的学人倪兰畹所写的一篇有关褒谷石门内外摩崖石刻名目和具体方位的考察文记。同治十年（1871）巧月（即旧历七月）罗秀书隶书上石，嵌立于石门洞内。文后有褒城县令莫增奎的跋文一段，是清人留于石门洞内的一方颇有研究价值的碑石。

重修汉台碑记

清同治十年（1871）八月立石，汉中知府刘堃撰文并书。汉台旧存碑刻，现存汉台中院。同治二年（1863），汉台遭兵燹之扰，屋宇损毁，花木刊除，满院荒芜，已非旧观。刘知府于同治四年（1865）到任，力捐俸禄，鸠工庀材，将倾颓之处一一修复。碑文对汉台之得名提出解释，并首次在文中记载了桂荫堂，刘堃另有《汉台辨》一文，载民国《续修南郑区志》，纠正了前人多将汉台和城南拜将坛混淆之错论，刘堃善楷书，师法欧阳询，结构严谨、笔力劲健，此碑对研究汉台的历史有一定价值。

汉台新建竹林阁赋碑

民国十四年（1925）秋镌立。汉台旧存，现存汉台中院。此碑后半部残缺，据略阳县文史资料载，此碑为当时的汉上名流略阳籍人士刘次枫先生所书。楷书，有魏晋遗风，清秀流丽，颇具功力。内容系为阮贞豫在汉台新建竹林阁写的一篇颂文。文章歌颂了阮贞豫为国求贤，重教育、兴文化的政举。

古汉台自南而北逐次升高，保留着汉代高台建筑风格，千百年来被后世视为汉代基业的象征，具有重要的典型意义。自南宋以来，成为汉中府署所在，它集行宫遗址、园林建筑为一体，布局得当，构筑精美，集储南北风格，素为汉郡之胜景。历史上达官显贵、文人墨客多聚集于汉台，使这所历史遗迹沉淀出十分深厚的文化底蕴。以汉台为馆址建立的汉中市博物馆，致力于斯、广采博收，更是极大地丰富和拓展了它的文化内涵。

二、登坛对策——拜将坛

拜将坛遗址，汉中“西汉三遗址”之一，位于汉中路街道办事处南大街将坛路，南临南环路，东临建国路。拜将坛始建于前206年，是《史记·淮阴侯列传》记载的汉王刘邦“择良日，斋戒，设坛场，具礼”拜韩信为大将的古坛场遗址。韩信被拜为大将后，献登坛对策分析天下形式，继而统帅三军，“明修栈道，暗度陈仓”，攻取了关中；最后北征东伐，百战百胜，从军事上辅佐刘邦成就了帝业，建立了西汉王朝。因此，拜将坛是“不拘一格用人才，得人才者得天下”的历史物证。据相关记载，拜将坛先后经历明正德年间、清嘉庆年间、1941年、1985年和2007年5次大规模的修整，形成了今天的集文物遗址与古建筑园林为一体的景区布局。

◎ 拜将坛全景

◎ 拜将坛旧影

◎ 韩信塑像

如今，拜将坛平地而起，四周由灰色花岗岩和青砖砌筑，外观呈秦汉时期典型的覆斗形，底部东西长 30 米，南北宽 25 米，坛体高 4.5 米，坛顶向内斜收 3 米，仍然保持了夯土原状。扩建后景区现占地面积 5.05 万平方米，其中景观面积 4.35 万平方米，已初步形成了以拜将坛遗址为核心，以仿古寨门、棋盘广场、亭台水榭、烽火哨台、汉代画像石刻等仿汉建筑群与园林景观和谐交融的国家 AAA 级优秀旅游景区，2008 年 6 月，“拜将坛遗址”被陕西省人民政府确定为省级重点文物保护单位。

棋盘广场位于坛场中央，整个广场布局和中国象棋的布局一致。中心就是棋的中轴线，相当于棋盘中的楚河汉界，将广场一分为二，两侧种有香樟树和龙柏各 16 棵，代表象棋中的 32 颗棋子。相传，韩信发明象棋用以锻炼兵将的攻杀能力，“中分天下，割鸿沟西为汉，东为楚”是“楚河汉界”的来历，整个棋盘广场象征着楚汉两军英勇作战时的壮观场面。

拜将坛的主体主要由南北两座土台构成，南台高 2.8 米，长、宽约 24 米，呈正方形。南台四周以条石镶砌，台面四周有大理石护栏与望柱，台中韩信花岗岩塑像高 6.8 米，面南而立，右手捧将印，左手抚剑，凝视前方，南台下广场分为东西两侧，西侧竖立一石碑，碑阳由著名书法家黄鹤筹所题写“汉大将韩信拜将坛”，碑阴刻有民国三十二年（1943）六月，鄂陕甘边区警备总司令祝绍周所题七言绝句“辜负孤忠一片丹，未央宫月剑光寒，沛公帝业今何在？不及淮阴

◎ 拜将坛冯玉祥所书楹联

有将坛”。东侧石碑上有当代书法家舒同手书“拜将坛”三字，石碑阴刻《史记淮阴侯传》。南台前东南是汉台区人民政府于2000年1月1日安放的重达11吨的世纪大钟，上有铭文，记叙了汉中从远古走来以及改革开放所取得的巨大成就。每当钟声响起，远播十数里，久久不息。

北台距南台8米，处在同一中轴线上。台上建一石方柱无墙拜殿，又名挂衣亭。拜殿飞檐翘角，覆盖筒瓦。台四周有石护栏和望柱。拜殿石柱上刻有历代赞叹韩信、咏拜将坛的诗词、楹联。清代张炳蔚诗曰：“江流咽尽鼓鼙声，谁似淮阴善将兵。学剑早轻万人敌，登坛还使一军惊。从龙几见侯封遂，鸳雉翻教祸水成。猛士飘零王气歇，歌风台下暮云横。”爱国将领冯玉祥书联：盖世勋名三杰并，登坛威望一军惊。

无字碑又名“夜影神碑”。相传，韩信被皇后吕雉冤杀后，刘邦病榻思念韩信，为慰忠魂特赐红色发光宝石一方，萧何奉旨树此碑。当时萧何碍于吕雉权威，未刻碑文，仅将碑立于此。在《汉中志》

上有这样的记载，此碑初立时碑身夜间发光，很多人都认为是韩信的灵魂附于此碑，可消灾免难，有求必应。因此，来这里祭拜的人络绎不绝。后来经过考证，这块碑含有很多种矿物质，因而出现了在夜里磷光点点的景象。

◎ 夜影神碑

遥想当年，汉王“择良日，斋戒，设坛场，欲拜大将。众将皆喜，人人自以为得大将。至拜将，乃韩信也，一军皆惊”，不能不佩服史家“绝唱”，短短几句，把一幕历史事件描绘得何等逼真、传神！拜将坛不仅是游览胜地，怀古去处，且在方丈之地，更昭示一种情操与精神，一种求贤若渴的精神，一种献身报国的精神，让具有三千年之久的中华文明历史，能够持继不断地威武雄壮，有声有色地演进。

三、赤帝遗风——饮马池

饮马池位于汉中城区南团结街中段西部，水域面积 6358 平方米。据清末民初汉中府城池图所示，饮马池恰在古城东南角，围墙东南紧接城垣。这里地势低洼，夏秋两季附近街巷流水多积蓄于此，加之地下水的补充，常年积水盈池，邑人名为“东湖”。前 206 年，楚汉鸿门宴风波后，刘邦采纳萧何劝谏忍辱就任汉王，率部经子午道来到汉中，建都南郑（今汉中城区），驻跸于古汉台，常常饮马于近在咫尺的东湖，故人称其为“饮马池”。

饮马池东西略长，四角呈圆弧状。池周用古砖砌一米多高的花墙，墙顶覆以鱼脊形石条。池西花墙中嵌有清光绪九年（1883）的几方石刻，正中匾额旁出“有龙则灵”语出《陋室铭》。两侧对联为“神龙能作苍生雨，饮马常怀赤帝风”，楚北朱子春题，围墙背面石刻匾额榜书“古东湖”。

饮马池两侧，原有一古祠庙，名为“龙圣祠”。北侧原为一宽阔的空地遍植榆柳。“龙圣祠”供奉龙王爷，寄托城乡信众祈福上苍保佑，免遭

◎ 饮马池全景

水火灾害，四季平安。祠庙面东，其照壁与饮马池西岸的花墙相邻，西围墙面临中山街，与丁字街齐平，占地万余平方米。当年，祠庙内古树浓荫、蓊蓊郁郁，四乡八镇的善男信女，熙来攘往、香火兴旺。这座建于清光绪年间的“龙圣祠”在民国时期已不存在，成为饮马池小学所在地。岁月漫漫，朝代更迭，饮马池亦沧桑变故。

◎ 饮马池匾额

此处“地势低洼，夏秋水泛，颇为民患”，清嘉庆时汉中知府严如熤修补城垣，清理东湖，发现临池南城根有砖砌排水洞，遂清除淤泥，消除积潦，并在池周插以竹篱，以示警戒。在维修城垣工程中，于城墙东南角修建高三层的楼阁一座。登上楼阁，俯瞰城内，街巷历历，气象万千；向南远眺，汉江如练，米仓青黛，尽收眼底。楼阁顶上，飞檐翼然，古雅秀美，取名“三台阁”。它的修建为饮马池增添了楼台倒影的景观，每当月朗风清之夜，一泓碧水与皎洁的月光相辉映，闪烁荡漾，城垣上的“三台阁”倒映其中，颇有情趣，成为人们夜游赏月的好去处。这一时期，有一位乾隆年间的进士，曾任福建宁德县令的南郑人楚文璟卸任还乡，目睹饮马池台阁倒影之景，有感而发写下《东湖塔影》诗一首：“汉阳萧寺塔，飞影入东湖。波皱佛龛动，浪明宝顶孤。镜花多复幻，水月有虚无。悠悠奇景在，千载话浮图。”所谓“东塔西影”竟成为“汉中八景”之一。阁旁有汉中府修补城垣碑，据碑文所记载，嘉庆十七年（1812）五月，陕西巡抚董教增奏启朝廷拨款，并委任汉中知府严如熤对汉中府城墙加以修葺。道光年间，饮马池护岸花墙修成，方便游人通行。同治初年护岸垣墙毁于兵事，至光绪十七年（1891）汉中太守周丽生兴工修葺，恢复东湖旧观。

抗日战争时期，1938 年 3 月至 1944 年 10 月，飞机 21 次轰炸汉中，古城损失惨重。其间，为通行方便开挖了新北门、新东门、新西门和新南门。中华人民共和国成立时，古城垣虽破败不堪，但墙体基本完好。“文化大革命”期间，南大街、中山街被烧，文庙大成殿、钟楼、电影院等被炸，饮马池畔城墙及三台阁也被炸毁。

20 世纪 40 年代，与饮马池临近的街区分布着一座电影院和三家剧院，特别要提到的是 20 世纪 60 年代初，曲艺艺人李鱼、杨光、路曲等由西安来到汉中，落脚这里的茶馆，成立汉中曲艺社，吸收本地演员，在表演传统曲艺节目的同时，注重对汉中民间艺术元素的吸收。他们的表演台风正，传统味浓接地气，与时俱进，很快受到汉中观众的喜爱。在饮马池这块历史悠久、文脉绵绵、底蕴深厚的土地上，曲艺社发展很快，为组建汉中市文工团储备了人才，打下了基础。人们把饮马池比作北京的“天桥”，这个比喻是恰当的，饮马池是研究汉中风土人情，观察汉中普通平民文化生活的活化石。

附录

游客服务信息

一、展馆介绍

1. 天汉古韵——汉中历史文物展

天汉古韵——汉中历史文物展以时代为顺序，将汉中市境内的重要遗址、考古发现、著名历史事件、人物穿插其中，分别为文明曙光——史前时期的汉中、古褒遗珍——商周时期的汉中、大汉源脉——秦汉时期的汉中、三国胜迹——三国两晋南北朝时期的汉中、军事要地——唐宋时期的汉中、西北重镇——明清时期的汉中共六个单元，突出汉中在各时代的亮点。

2. 褒斜古栈道陈列

褒斜道是穿越秦岭间的一条古代交通要道，其持续时间之久，栈道设施之完善，堪称“蜀道之冠”。褒斜道起自汉代褒中县（今陕西省汉中市与勉县交界处）褒谷口，经三交城、赤崖，溯褒水而上出斜谷至眉县，全程 235 千米，是古代连接关中与汉中的一条要道，因贯穿褒、斜谷道而得名，展览以实物、模型、图文等资料介绍褒斜道的历史文化价值。

3. 石门十三品陈列

石门位于褒斜道南口，亦称“南谷口”，是东汉永平年间（63—69）人工开凿的一段穿山交通隧道，褒斜道南出褒谷穿行其中。石门摩崖石刻是镌刻在石门隧道内壁及周围崖壁上石刻的总称，其以摩崖刻字为主体，时代跨越从东汉以降连绵不断的1900多年，石刻总数在180块左右，其中尤以“石门汉魏十三品”最负盛名，为历代学者所推崇。

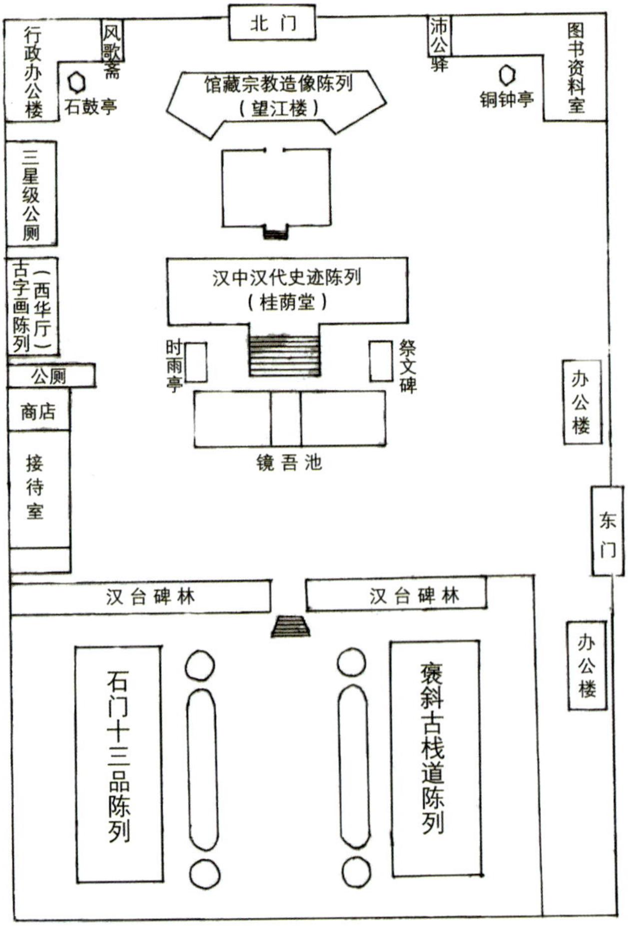

◎ 汉中博物馆平面图

二、开放时间及门票获取

1. 古汉台馆区免费开放时间：每周二至周日（周一全天闭馆维护，国家法定节假日除外）。开放期间，游客刷有效身份证入馆参观。

2. 拜将坛馆区开放时间：旺季 8:00—17:00，淡季 8:30—17:00；门票价格：旺季 20 元，淡季 15 元。

3. 团体参观须提前 24 小时预约（9:00—17:00），预约电话：0916-8152188。确认后凭单位介绍信或旅行社任务派遣单，淡季在窗口填写“团队接待单”即可入内参观。高龄老年人、残疾人士、小学生须有家属或监护人陪同；现役军人凭证件可优先入馆。

三、交通路线

1. 古汉台馆区位于汉中市汉台区东大街 26 号。

路线：在汉中市高铁站站前广场乘坐花果山旅游专线至汉中市博物馆古汉台站下；也可乘坐 28 路、11 路、16 路、25 路公交车到达。

2. 汉中市博物馆拜将坛馆区位于汉中市汉台区南一环 1018 号。

路线：在汉中市高铁站站前广场乘坐 13 路、16 路、25 路公交车到拜将坛站下。

四、特色活动

1. “博物馆里穿越时空”——“对话原始人”

活动以“史前时期的汉中”为主要内容，结合展出的龙岗石燕、砍砸器、研磨器、陶器等文物，通过讲解古人类狩猎捕鱼的工具和生活器物的演变，观看古人类从借取天火到发明钻木取火继而保存火种过程的情景剧，来了解汉中古人类的起源和发展。

2.“博物馆里穿越时空”——“造纸小工匠”

活动以“秦汉时期的汉中”为主要内容，通过讲解东汉时期的汉中历史背景以及蔡伦与造纸术的故事，结合纸张对人类生活的影响，在参观讲解过程中侧重引导小朋友们去感受纸张对生活、学习的影响，从而对造纸术的发明创造产生崇敬之情。

3.“博物馆里穿越时空”——“传承汉礼粽香经典”

活动以“秦汉时期的汉中”为主要内容，依托“汉中开汉业”的历史背景，通过对“两汉三国　真美汉中”的诠释，了解“汉”的文化精髓，汉服概念、形制，引起孩子们对汉服的兴趣，并一起穿上汉服，诵读国学经典，讲解端午节由来和伟大爱国诗人屈原与端午习俗的故事传说。

4.“博物馆里穿越时空”——“汉服汉礼月圆中秋”

依托汉中厚重的历史文化和独特的历史地位，结合传统节日中秋，介绍西汉三遗址由来和汉中的历史地位，了解汉民族服饰发展变化，学习传统生活礼仪，重温关于中秋的古诗词，了解中秋传统佳节的来历和中秋节吃月饼的由来，体验传统习俗做月饼。

◎ “对话原始人”活动

◎ “造纸小工匠”活动

◎ “汉服汉礼月圆中秋”活动

五、文创产品展示

◎ 望江楼紫砂茶罐

◎ 石门四品紫砂套装（一）

◎ 古汉台紫砂壶

◎ 石门四品紫砂套装（二）

◎《石门汉魏十三品》合集

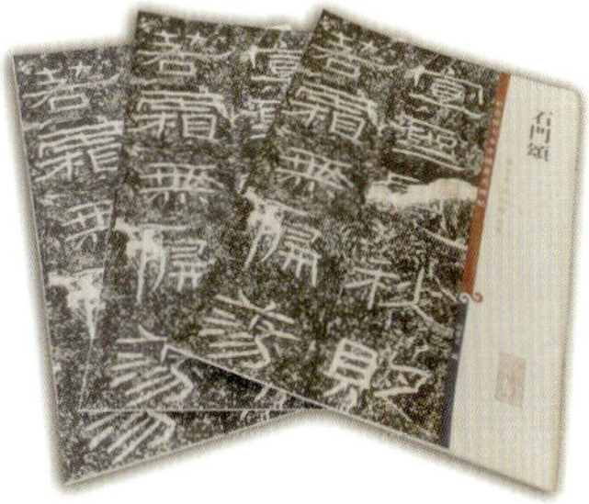

◎《石门颂》剪装拓本

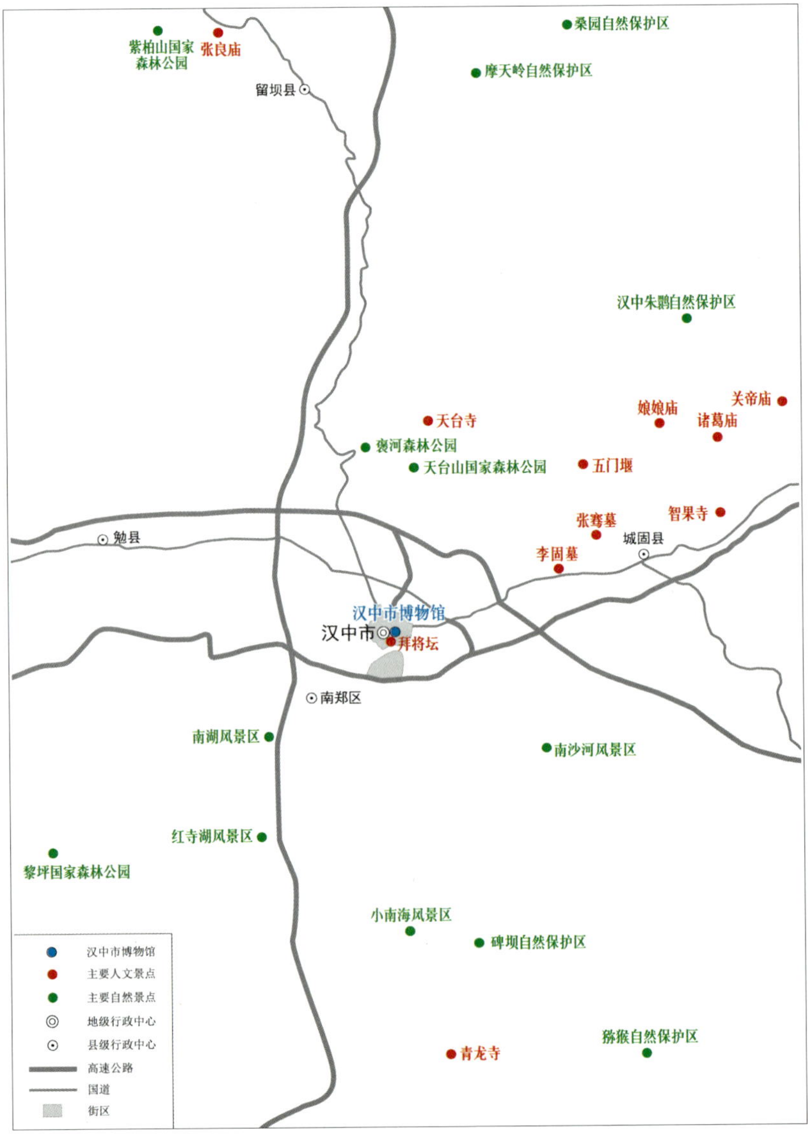
桑园自然保护区
紫柏山国家森林公园
张良庙
摩天岭自然保护区
留坝县
汉中朱鹮自然保护区
关帝庙
娘娘庙
诸葛庙
天台寺
褒河森林公园
天台山国家森林公园
五门堰
智果寺
张骞墓
勉县
城固县
李固墓
汉中市博物馆
汉中市
拜将坛
南郑区
南湖风景区
南沙河风景区
红寺湖风景区
黎坪国家森林公园
小南海风景区
碑坝自然保护区
汉中市博物馆
主要人文景点
主要自然景点
地级行政中心
县级行政中心
高速公路
国道
街区
猕猴自然保护区
青龙寺

◎ 汉中市博物馆周边景点

陕西省博物馆分布示意图

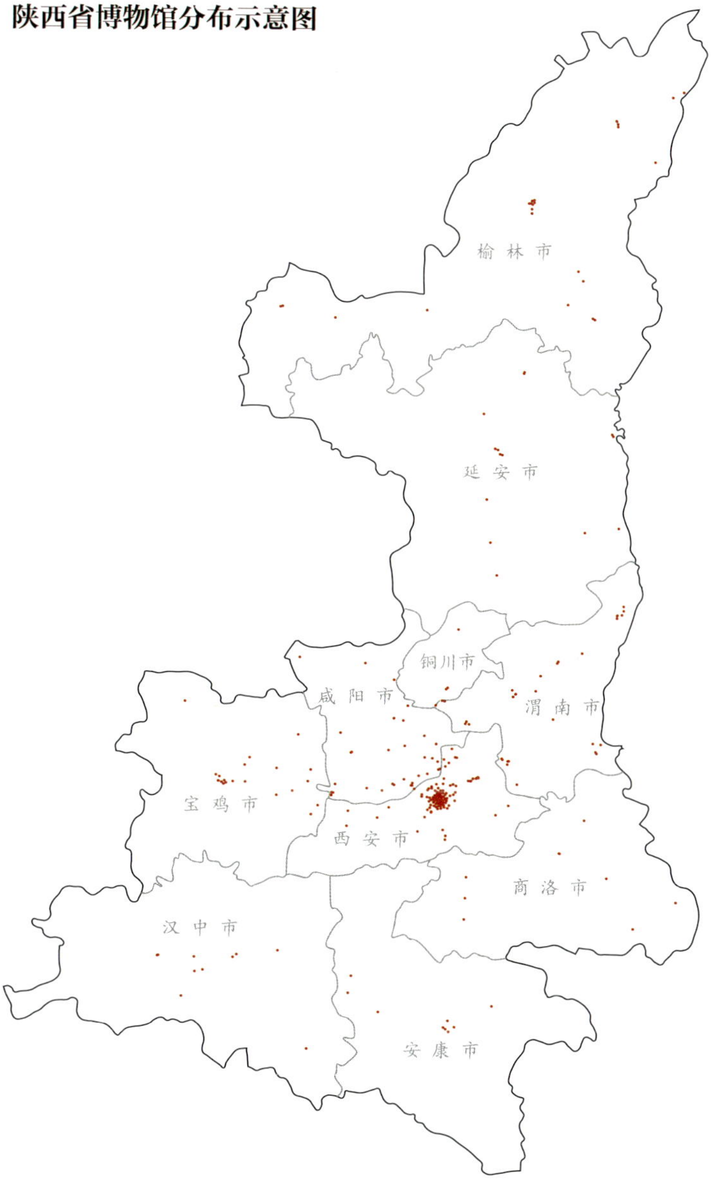

陕西省博物馆名录

序号	名称	地理位置	性质	等级	备注
西　安					
1	陕西历史博物馆	小寨东路 91 号	文物	一级	免费开放
2	秦始皇帝陵博物院	临潼区	文物	一级	
3	西安碑林博物馆	三学街 15 号	文物	一级	
4	汉景帝阳陵博物院	泾河工业园	文物	一级	
5	西安博物院	友谊西路 72 号	文物	一级	免费开放
6	西安半坡博物馆	半坡路 155 号	文物	一级	
7	西安事变纪念馆	建国路 69 号	文物	二级	免费开放
8	八路军西安办事处纪念馆	北新街七贤庄 1 号	文物	二级	免费开放
9	西安市钟鼓楼博物馆	西大街 1 号	文物		
10	西安市青龙寺遗址博物馆	铁炉庙村北 1 号	文物		免费开放
11	汉长安城遗址长乐宫四、五号遗址陈列馆	罗高路罗家寨村	文物		免费开放
12	丰镐遗址车马坑陈列馆	长安区马王镇沣京中路 10 号	文物		免费开放
13	临潼区鸿门宴博物馆	临潼区鸿门宴路 2 号	文物		
14	华清池唐华清宫御汤遗址博物馆	临潼区华清路 38 号	行业		
15	临潼博物馆	临潼区环城东路 1 号	文物	三级	免费开放
16	长安区杜甫纪念馆	长安区韦曲街道办双竹村	文物		免费开放
17	长安民居博物馆	长安区王曲镇马厂堡子村	文物		免费开放
18	临潼区扁鹊纪念馆	临潼区代王街道办陈东村	文物		免费开放
19	仙游寺博物馆	周至县马召镇金盆水库北梁	文物		
20	周至博物馆	周至县中心街云塔十字南	文物		
21	蓝田县蔡文姬纪念馆	蓝田县三里镇蔡王村文姬路	文物		免费开放
22	葛牌镇区苏维埃政府纪念馆	蓝田县葛牌镇葛牌街	文物		免费开放
23	蓝田水陆庵壁塑博物馆	蓝田县普化镇杨斜村	文物		免费开放
24	蓝田猿人遗址博物馆	蓝田县九间房镇公王岭	文物		免费开放
25	汪锋故居纪念馆	蓝田县九间房镇街子村	文物		免费开放
26	高陵区博物馆	高陵区昭慧路昭慧广场	文物		免费开放
27	汉长安城遗址陈列馆	邓六路中段	文物		免费开放
28	西安市长安博物馆	长安区西长安街 559 号	文物		免费开放
29	秦阿房宫遗址博物馆	长安区王寺东街 172 号	文物		免费开放
30	高陵区西北人民革命大学旧址博物馆	高陵区通远街道	文物		免费开放

续表

序号	名称	地理位置	性质	等级	备注
31	陕西自然博物馆	长安南路88号	行业	二级	
32	陕西科学技术馆	新城广场	行业		免费开放
33	西安唐皇城墙含光门遗址博物馆	含光路西安城墙内	行业	三级	
34	西安中国书法艺术博物馆	含光路西安城墙内	行业		免费开放
35	西北大学博物馆	太白北路229号西北大学内	行业		免费开放
36	陕西师范大学博物馆	长安区郭杜镇陕西师范大学长安校区内	行业		免费开放
37	西安建筑科技大学校史馆	雁塔路13号西安建筑科技大学校内	行业		免费开放
38	西安建筑科技大学贾平凹文学艺术馆	雁塔路13号西安建筑科技大学校内	行业		免费开放
39	长安大学地质博物馆	雁塔路南段126号长安大学内	行业		免费开放
40	陕西体育博物馆	丈八东路303号	行业		免费开放
41	西安工程大学纺织服装博物馆	临潼区陕鼓大道58号	行业		免费开放
42	秦二世陵遗址博物馆	曲江池南路252号	行业		
43	大明宫国家遗址公园考古探索中心	自强东路585号	行业		
44	大明宫遗址博物馆	自强东路585号	行业		
45	大明宫国家遗址公园丹凤门遗址博物馆	自强东路585号	行业		
46	西安大华博物馆	太华南路251号	行业		免费开放
47	西安钱币博物馆	西大街188号	行业		免费开放
48	陕西钱币博物馆	高新路49号	行业		免费开放
49	西安金威啤酒博物馆（雪花啤酒文化博物馆）	凤城十二路99号	行业		免费开放
50	空军军医大学口腔医学博物馆	长乐西路145号空军军医大学第三附属医院北院	行业		免费开放
51	西安交通大学博物馆	咸宁西路28号西安交通大学兴庆校区内	行业		免费开放
52	高陵区防震减灾科普馆	高陵区泾渭上城南侧	行业		免费开放
53	西安浐灞生态区城建博物馆	浐灞大道1号浐灞商务中心	行业		免费开放
54	西安市贾平凹文学艺术博物馆	临潼区芷阳三路9号	行业		免费开放
55	西安市非物质文化遗产博物馆	文艺北路197号	行业		免费开放
56	西安美术学院美术博物馆	含光路南段100号西安美术学院2号教学楼内	行业		免费开放
57	西安音乐学院艺术博物馆	长安中路108号	行业		免费开放
58	西安汉风水务博物馆	北二环西段汉城湖景区大风阁	行业		

续表

序号	名称	地理位置	性质	等级	备注
59	长安大学公路交通博物馆	长安大学渭水校区	行业		免费开放
60	唐华清宫梨园遗址博物馆	临潼区	行业		
61	军用航空科技博物馆	灞桥区霸陵路1号空军工程大学航空工程学院内	行业		免费开放
62	陕西科技大学中国轻工业博物馆	未央区大学园区陕西科技大学	行业		免费开放
63	西安交通大学附属中学博物馆	雁塔区雁翔路99号	行业		免费开放
64	西安市曲江第二小学儿童博物馆	雁翔路4050号曲江第二小学内行政楼4楼	行业		免费开放
65	西安建筑科技大学中国音乐史博物馆	高新区草寺东路西安建筑科技大学草堂校区	行业		免费开放
66	交大西迁博物馆	咸宁西路28号西安交通大学兴庆校区南门内东侧	行业		免费开放
67	西安大唐西市博物馆	劳动南路1号	非国有	一级	免费开放
68	西安关中民俗艺术博物院	长安区南五台山路1号	非国有		
69	西安市高家大院古典服饰博物馆	北院门144号高家大院	非国有		免费开放
70	西安经文牛文化陶瓷博物馆	凤城一路23号	非国有		
71	陕西元阳文化博物馆	顺城南巷中段33号	非国有		免费开放
72	大明宫陶瓷艺术博物馆	自强东路585号	非国有		免费开放
73	西安海棠职业学院中医美容博物馆	水安路30号	非国有		免费开放
74	陕西汉唐石刻博物馆	沣东新城红光路44号沣东自贸新天地西里W-Z002	非国有		免费开放
75	西安皇家艺术博物馆	未央区汉城街道办西查村北（石化大道）	非国有		免费开放
76	陕西亮宝楼艺术博物馆	雁引路35号	非国有		免费开放
77	西安美都博物馆	丰景路中段	非国有		免费开放
78	西安秦砖汉瓦博物馆	曲江雁翔路1号大汉上林苑杜陵景区	非国有		
79	西安于右任书法艺术博物馆	玄武路69号（锦园新世纪社区中心广场旁）	非国有		免费开放
80	陕西万达博物院	林带路中段中国唐苑内	非国有		
81	陕西唐三彩艺术博物馆	南二环东段559号	非国有		免费开放
82	西安户邑民间艺术博物馆	大唐芙蓉园唐市内	非国有		免费开放
83	西安曲江艺术博物馆	大雁塔南广场西侧威斯汀酒店内	非国有		
84	西安曲江富陶国际陶艺博物馆	大唐芙蓉园南门唐市	非国有		免费开放
85	陕西毛泽东敬览馆	雁塔区长鸣路68号	非国有		免费开放
86	西安于右任故居纪念馆	碑林区书院门52号	非国有		

续表

序号	名称	地理位置	性质	等级	备注
87	西安源浩华藏博物馆	雁南三路大唐不夜城开元广场东侧华藏阁	非国有		免费开放
88	西安健康博物馆	西影路 178 号	非国有		免费开放
89	长安古钱币博物馆	长安南路 300 号	非国有		免费开放
90	西安唐都新碑林艺术博物馆	大明宫国家遗址公园内考古探索中心东侧	非国有		免费开放
91	西安锦业美术博物馆	高新区锦业路 76 号	非国有		免费开放
92	西安曲江大玉坊博物馆	临潼区会昌路和东关正街十字	非国有		免费开放
93	西安柴窑文化博物馆	雁南三路开元广场西侧	非国有		免费开放
94	西安高陵钱币博物馆	高陵区榆楚仁马路陕汽重卡发运中心五楼	非国有		免费开放
95	西安高陵奇石博物馆	高陵区桑军大道与 310 国道交会处	非国有		
96	高陵祥顺博物馆	高陵区南新街 226 号	非国有		免费开放
97	西安市新美域和镜博物馆	高新一路 12 号天公装饰大厦一层	非国有		免费开放
98	西安市曲江红色记忆博物馆	翠华南路 808 号科泰大厦 9 层	非国有		免费开放
99	西安市大唐青铜镜博物馆	高新区锦业二路逸翠尚府北区二栋	非国有		免费开放
100	西安市雅观陶瓷艺术博物馆	北二环中段 669 号	非国有		免费开放
101	西安市起良蔡侯纸博物馆	西高新九峰镇起良村	非国有		免费开放
102	西安市蓝田玉文化博物馆	蓝田县焦岱镇	非国有		免费开放
103	西安市水墨长安艺术博物馆	灞桥区柳雪路 996 号	非国有		免费开放
104	西安市荞麦园美术博物馆	含光路 100 号	非国有		免费开放
105	西安市曲江丝路遗珍博物馆	大唐芙蓉园紫云楼四楼	非国有		免费开放
106	西安市明清皮影艺术博物馆	雁南一路南侧 100 米	非国有		免费开放
107	西安市城市记忆博物馆	新城区幸福南路 109 号老钢厂设计创意产业园 1 号楼	非国有		免费开放
108	西安市圣普美术博物馆	新城区自强东路 585 号丹凤门西	非国有		免费开放
109	楼增良红木雕刻艺术博物馆	西咸新区空港新城规划园区十路西	非国有		免费开放
110	西安红色体育博物馆	凤城八路鼎正大都城	非国有		免费开放
111	西安市民间金融博物馆	新城区民乐园万达一号楼	非国有		免费开放
112	西安市吉兆春皮肤医药博物馆	高陵区中小企业聚集园 C-4 五楼	非国有		免费开放
113	西安市太乙面食文化博物馆	长安区太乙街办新一社区	非国有		免费开放
114	西安市城市影像博物馆	雁塔区科技路 305 号西安大都荟 Localand D11(F3)	非国有		免费开放

续表

序号	名称	地理位置	性质	等级	备注
115	西安市石仟佛造像艺术博物馆	曲江慈恩西路 69 号	非国有		免费开放
116	西安市古陶瓷博物馆	灞桥区电厂南路 8 号	非国有		免费开放
117	西安市羊文化博物馆	雁塔区雁翔路 93 号	非国有		免费开放
118	西安市中国古琴博物馆	沣东新城沣河东路 818 号	非国有		免费开放
119	西安市新梦想影业博物馆	雁塔区朱雀大街南段 12 号城市立方 5 层	非国有		免费开放
120	西安市新源民俗艺术博物馆	高陵区通远镇史喻村六组	非国有		免费开放
121	西安市德江陶瓷模范标本博物馆	灞桥区白鹿仓灞柳东路 2，3，5 号白家大院	非国有		免费开放
122	西安市团结民俗博物馆	未央区团结村三组甲字一号	非国有		免费开放
123	西安市惟德玉文化博物馆	沣东新城三桥街办西安车辆厂生活区二期东 2 号	非国有		免费开放
		咸　阳			
124	乾陵博物馆	乾县永泰公主墓院内	文物	二级	
125	咸阳博物院	中山街中段 53 号	文物	二级	免费开放
126	秦咸阳宫遗址博物馆	西安市秦汉新城窑店街道办	文物		免费开放
127	秦都区沙河古桥遗址博物馆	西安市西咸新区渭阳中路	文物		免费开放
128	兴平市博物馆	兴平市县门东街 29 号	文物		
129	茂陵博物馆	兴平市南位镇茂陵村南	文物	二级	
130	兴平市杨贵妃墓博物馆	兴平市马嵬街道办西	文物		
131	昭陵博物馆	礼泉县烟霞镇街道	文物	二级	
132	三原县博物馆	三原县城关镇东大街 33 号	文物	三级	
133	周家大院民俗博物馆	三原县鲁桥镇孟店村	文物		
134	泾阳县博物馆	泾阳县北极宫大街南端	文物		免费开放
135	长武县博物馆	长武县昭仁镇东街昭仁寺内	文物		免费开放
136	“二八”革命暴动纪念馆	旬邑县迎宾大道旁	行业		免费开放
137	彬县大佛寺石窟博物馆	彬州市城关镇 312 国道旁	文物		
138	武功苏武纪念馆	武功县武功镇龙门村	文物		免费开放
139	陕西三原于右任纪念馆	三原县宴友思大街东段	文物		免费开放
140	淳化县文博馆	淳化县南新街	文物		免费开放
141	旬邑县博物馆	旬邑县东大街	文物		免费开放
142	旬邑县唐家民俗博物馆	旬邑县太村镇唐家村	文物		
143	安吴青年训练班纪念馆	泾阳县安吴镇安吴村	文物		免费开放
144	淳化县爷台山战役纪念馆	淳化县方里镇北峰村爷台山战地主题公园	文物		免费开放

续表

序号	名称	地理位置	性质	等级	备注
145	马栏革命纪念馆	旬邑县马栏镇马栏村	文物		免费开放
146	永寿县博物馆	永寿县解放街 10 号	文物		免费开放
147	陕西水利博物馆	泾阳县王桥镇	行业		免费开放
148	咸阳墙体材料博物馆	中华西路 4 号	行业		免费开放
149	陕西医史博物馆	世纪大道中段陕西中医学院校园内	行业		免费开放
150	毛泽东像章珍藏馆	秦都区渭滨街道步长路 16 号	非国有		免费开放
151	秦都古陶博物馆	玉泉东路泉南一巷内	非国有		免费开放
152	秦汉新城红色记忆博物馆	西安市秦汉新城双照街道肖何庙村	非国有		免费开放
153	陕西明善博物馆	西安市西咸新区沣东街道水井路沣禾苑内	非国有		免费开放
154	咸阳清渭楼美术博物馆	渭阳东路清渭楼	非国有		免费开放
155	秦汉新城秦渭博物馆	西安市西咸新区西兰路北上召十字西北角	非国有		免费开放
		宝　鸡			
156	宝鸡青铜器博物院	滨河大道中华石鼓园	文物	一级	免费开放
157	宝鸡民俗博物馆	西宝路 12 号	文物		免费开放
158	宝鸡周原博物馆	扶风县法门镇召陈村	文物	二级	
159	宝鸡北首岭博物馆	金台区建群巷 17 号	文物		
160	法门寺博物馆	扶风县法门寺文化园区	文物	二级	
161	宝鸡先秦陵园博物馆	凤翔县南指挥镇	文物		
162	宝鸡市渭滨区博物馆	渭滨区公园路 210 号	文物		
163	宝鸡大唐秦王陵博物馆	金台区金河镇陵塬村	文物		
164	凤县革命纪念馆	凤州镇凤州村	文物		免费开放
165	凤翔县博物馆	凤翔县文化路西段	文物	三级	免费开放
166	扶风县博物馆	扶风县城老区东大街 5 号	文物	三级	免费开放
167	麟游县博物馆	麟游县东大街 8 号	文物		
168	岐山县博物馆	岐山县城北大街	文物		
169	岐山县周原博物馆	岐山县京当镇贺家村	文物		
170	岐山县五丈原诸葛亮庙博物馆	岐山县蔡家坡镇五丈原村	文物		
171	张载纪念馆	眉县横渠镇西街 45 号	文物		免费开放
172	陇县博物馆	陇县东大街 9 号	文物		免费开放
173	眉县博物馆	眉县滨河文化产业新区平阳阁内	文物		免费开放
174	宝天铁路英烈纪念馆	渭滨区南关路 98 号	行业		免费开放

续表

序号	名称	地理位置	性质	等级	备注
175	扶眉战役纪念馆	眉县常兴镇	行业		免费开放
176	陕西华夏古代艺术博物馆	高新大道 59 号	非国有		免费开放
177	宝鸡太白山佛教艺术博物馆	眉县汤峪镇中心大道 1 号太白印象度假酒店 2 楼	非国有		免费开放
178	宝鸡天喜自然博物馆	金台区中山东路 223 号藏宝楼	非国有		免费开放
179	宝鸡乾坤古珍博物馆	渭滨区石鼓太阳市古玩城 3 楼	非国有		免费开放
180	宝鸡方圆青铜陶艺博物馆	渭滨区滨河大道 88 号太阳市艺术中心 1 号楼	非国有		免费开放
181	宝鸡聚旺博物馆	滨河大道 88 号石鼓太阳市个人艺术中心 7 号楼	非国有		免费开放
铜　川					
182	耀州窑博物馆	王益区黄堡镇新宜南路 25 号	文物	二级	免费开放
183	药王山博物馆	耀州区药王山景区	文物		
184	铜川市玉华博物馆	印台区玉华镇玉华宫森林公园内	文物	三级	
185	陕甘边革命根据地照金纪念馆	耀州区照金镇	行业		免费开放
186	铜川市耀州区博物馆	耀州区学古路 34 号	文物		免费开放
187	宜君县博物馆	宜君县万寿路 27 号	文物		免费开放
188	郭秀明纪念馆	印台区红土镇惠家沟村	文物		免费开放
189	陈炉古镇生态博物馆	印台区陈炉镇街道	文物		免费开放
190	宜君旱作梯田农业生态博物馆	宜君县哭泉镇旱作梯田内	文物		免费开放
191	孙思邈纪念馆	耀州区药王山景区	文物		免费开放
渭　南					
192	渭南市博物馆	临渭区乐天大街中段	文物		免费开放
193	渭南市临渭区博物馆	临渭区老城街 115 号	文物		免费开放
194	西岳庙博物馆	华阴市岳庙仿古步行街东段	文物		
195	渭华起义纪念馆	华州区高塘镇南堡村	文物		免费开放
196	潼关杨震廉政博物馆	潼关县秦东镇四知村	文物		免费开放
197	合阳县博物馆	合阳县东大街 02 号	文物		免费开放
198	蒲城县博物馆	蒲城县红旗路中段正街 14 号	文物	三级	
199	蒲城县清代考院博物馆	蒲城县东槐院巷 17 号	文物		
200	蒲城县王鼎纪念馆	蒲城县城关镇达仁巷 54 号	文物		免费开放
201	蒲城县杨虎城将军纪念馆	蒲城县东槐院巷 29 号	文物		免费开放
202	澄城县博物馆	澄城县城区东九路古徵公园东侧	文物		免费开放
203	白水仓颉庙博物馆	白水县史官镇	文物		
204	潼关博物馆	潼关县秦东镇东山景区	文物		免费开放

续表

序号	名称	地理位置	性质	等级	备注
205	蒲城县惠陵博物馆	蒲城县桥陵镇三合村	文物		
206	富平县文庙博物馆	富平县城关街道办莲湖村正街41号	文物		免费开放
207	富平习仲勋纪念馆	富平县怀德大街中段	行业		免费开放
208	临渭区蒲阳古城文化民俗博物馆	临渭区蔺店镇蒲阳村	非国有		免费开放
209	潼关酱菜博物馆	潼关县城东环路	非国有		免费开放
210	潼关县秦王寨历史博物馆	潼关县太要镇马趵泉景区内	非国有		免费开放
211	蒲城县林则徐纪念馆	蒲城县城内权把巷六号	非国有		
212	蒲城李仪祉纪念馆	蒲城县洛滨镇富塬村	非国有		免费开放
213	大荔县民俗博物馆	渭南市大荔县南七村	非国有		
214	富乐国际陶艺博物馆群	富平县乔山路1号	非国有		
215	富平频阳博物馆	富平县莲湖大街东段（实验中学西邻）	非国有		免费开放
		延　安			
216	延安革命纪念馆	圣地路9号	文物	一级	免费开放
217	洛川县博物馆	洛川县解放路北段	文物	三级	免费开放
218	洛川会议纪念馆	洛川县永乡镇冯家村	文物	三级	免费开放
219	吴起革命纪念馆	吴起县县城中街燕窝山脚	文物		免费开放
220	黄龙县博物馆	黄龙县南环路134号	文物		免费开放
221	瓦窑堡革命旧址纪念馆	子长县城瓦窑堡中心街151号	文物		免费开放
222	志丹县保安革命旧址纪念馆	志丹县双拥街268号	文物		免费开放
223	延安市安塞区文化文物馆	安塞区文化艺术中心大楼0819室	文物		免费开放
224	甘泉县博物馆	甘泉县中心街052号	文物		
225	富县鄜州博物馆	富县正街县政府广场北侧	文物		免费开放
226	吴起中央红军长征胜利纪念馆	吴起县县城中街和平路2号	文物		免费开放
227	延长县红军东征纪念馆	延长县旧居巷北段	文物		免费开放
228	军委二局安塞县纪念馆	安塞区沿河湾镇碟子沟村	文物		
229	西北局纪念馆	宝塔区南桥	文物		免费开放
230	宜川县博物馆	宜川县文体活动中心一楼	文物		免费开放
231	延安枣园革命旧址管理处	宝塔区枣园街道办事处枣园旧址	文物		免费开放
232	延安杨家岭革命旧址管理处	宝塔区杨家岭村	文物		免费开放
233	延安凤凰山革命旧址管理处	宝塔区北大街凤凰山旧址广场	文物		免费开放
234	抗大纪念馆	宝塔区北大街凤凰山旧址广场	文物		免费开放
235	延安新闻纪念馆	宝塔区清凉山南麓	文物	三级	

续表

序号	名称	地理位置	性质	等级	备注
236	钟山石窟博物馆	子长县安定镇安定村钟山南麓	文物		
237	子长革命烈士纪念馆	子长县安定西路1号	行业		免费开放
238	延安杜公祠博物馆	宝塔区七里铺大街	文物		
239	延安知青博物馆	宝塔区枣园中段	文物		免费开放
240	延安南泥湾革命旧址纪念馆	南泥湾开发区南泥湾镇桃宝峪村	文物		免费开放
241	王家坪革命旧址纪念馆	宝塔区圣地路王家坪旧址	文物		免费开放
242	陕甘宁边区银行纪念馆	宝塔区南关市场沟	行业		免费开放
243	延安南区合作社纪念馆	宝塔区柳林镇中心地段	行业		免费开放
244	洛川黄土地质博物馆	洛川县凤栖镇谷咀村	行业		
245	陕甘宁边区革命英烈纪念馆	宝塔区河庄坪镇李家洼村	行业		免费开放
246	碾（niǎn）畔（pàn）黄河原生态民俗博物馆	延川县乾坤湾镇碾畔村	非国有		免费开放
		榆　林			
247	榆林市汉画像石博物馆	世纪广场北一号楼一层	文物		免费开放
248	榆林市镇北台长城博物馆	城北吴家梁村	文物		免费开放
249	榆林民俗博物馆	古城北大街田丰年巷3号院	文物		免费开放
250	神木市博物馆	神木县麟州街北段	文物		免费开放
251	佳县神泉堡革命纪念馆	佳县佳芦镇神泉村	文物		免费开放
252	定边县文博馆	定边县鼓楼南街文化广场	文物		免费开放
253	绥德县博物馆	绥德县名州镇进士巷13号	文物	三级	
254	米脂县博物馆	米脂县行宫路171号	文物	三级	
255	米脂县杨家沟革命纪念馆	米脂县杨家沟镇杨沟村	文物		免费开放
256	绥德县革命历史纪念馆	榆林市绥德县疏属山	文物		免费开放
257	府谷县古生物化石博物馆	府谷县府谷镇南门路60号	文物		免费开放
258	子洲县博物馆	子洲县城东文化大楼	文物		免费开放
259	黄河流域民俗艺术博物馆	府谷县田家寨镇高寒岭景区	文物		免费开放
260	余子俊纪念馆	沙河路沙河公园	文物		免费开放
261	榆林学院陕北历史文化博物馆	崇文路4号榆林学院校内逸夫科技楼一楼	行业		免费开放
262	神府革命纪念馆	神木陵园路2号	行业		免费开放
263	陕西榆林尚古博物馆	高新产业园区中兴路1号	非国有		免费开放
264	神木古麟州博物馆	神木体育中心南一楼	非国有		免费开放
265	陕西观止文化艺术博物馆	榆阳区上郡南路与朝阳桥交会处银通嘉园B座2楼	非国有		免费开放

续表

序号	名称	地理位置	性质	等级	备注
266	榆林上郡博物馆	人民中路 45 号	非国有		免费开放
267	佳县赤牛坬民俗博物馆	佳县坑镇赤牛坬村	非国有		
268	榆阳区龙文化博物馆	榆阳区黑龙潭景区	非国有		免费开放
269	府谷县荣河博物馆	府谷县新区崇塔村	非国有		免费开放
270	榆林朔方博物馆	高新产业园区中兴路 1 号	非国有		免费开放
271	府谷县红色文化博物馆	府谷县碛塄农业园区郝家寨村	非国有		免费开放
272	府谷县富昌博物馆	府谷县河滨路	非国有		免费开放
273	横山区古银州博物馆	横山区党岔镇	非国有		免费开放
汉　中					
274	汉中市博物馆	汉台区东大街 26 号	文物	二级	免费开放
275	留坝县张良庙博物馆	留坝县留侯镇庙台子村	文物		
276	汉中川陕革命根据地纪念馆	南郑区城关镇红寺湖风景区	文物		免费开放
277	城固县张骞纪念馆	城固县博望镇饶家营村	文物		
278	洋县文物博物馆	洋县洋州镇唐塔北路 2 号	文物		免费开放
279	略阳县江神庙民俗博物馆	略阳县南环路中段江神庙内	文物		免费开放
280	略阳县灵岩寺博物馆	略阳县城南灵岩路	文物		
281	勉县武侯墓博物馆	勉县定军山镇诸葛村八组	文物		
282	勉县武侯祠博物馆	勉县武侯墓武侯村	文物	三级	
283	镇巴县博物馆	镇巴县县城新街东侧中段	文物		免费开放
284	城固县博物馆	城固县博望镇饶家营村	文物		
285	勉县博物馆	勉县三国文化广场三国尊城 B 座三楼	文物		免费开放
286	宁强县博物馆	宁强县县城羌州路中段	行业		免费开放
287	佛坪县秦岭人与自然博物馆	佛坪县黄家湾路佛坪国家级自然保护区管理局院内	行业		
288	汉中民俗博物馆	汉台区宗营镇宗柏路	非国有	三级	免费开放
289	洋县蔡伦纸文化博物馆	洋县龙亭镇蔡伦墓祠区	非国有		
290	南郑谷林博物馆	南郑区汉山镇团山村（汉山景区内）	非国有		
安　康					
291	安康博物馆	江北黄沟鲁家梁梁头	文物	二级	免费开放
292	陕西汉阴凤堰古梯田移民生态博物馆	汉阴县漩涡镇黄龙村、堰坪村、茨沟村	文物		
293	旬阳县博物馆	旬阳县人民北路 6 号	文物	三级	免费开放
294	旬阳县红军纪念馆	旬阳县红军乡人民政府驻地	文物		免费开放

续表

序号	名称	地理位置	性质	等级	备注
295	安康市藏一角博物馆	汉滨区香溪路 28 号	文物		免费开放
296	白河县民俗博物馆	白河县卡子镇友爱村张氏民宅	文物		免费开放
297	汉阴县三沈纪念馆	汉阴县新街 40 号	文物		免费开放
298	石泉县博物馆	石泉县老街中段	文物		免费开放
299	平利县秦楚农耕博物馆	平利县城关镇龙头村	非国有		免费开放
300	金洲美食博物馆	汉滨区建民办事处黄沟路 1 号	非国有		免费开放
商　洛					
301	商洛市博物馆	工农路中段大云寺内	文物	三级	免费开放
302	商州区博物馆	商州区东背街西段 89 号	文物		
303	洛南县博物馆	洛南县中甫街 37 号	文物		免费开放
304	丹凤县博物馆	丹凤县老街一号	文物		免费开放
305	商南县博物馆	商南县塔坡公园	文物		免费开放
306	山阳县博物馆	山阳县人民广场南文化艺术中心 B 座 6、7 楼	文物		免费开放
307	镇安县博物馆	镇安县城秀屏公园内	文物		免费开放
韩　城					
308	韩城市博物馆	古城东区学巷 45 号	文物	三级	免费开放
309	韩城市普照寺博物馆	西庄镇昝村街道	文物		免费开放
310	韩城市司马迁墓祠博物馆	芝川镇东南	文物		
311	梁带村遗址博物馆	西庄镇梁带村	文物		
312	韩城市大禹庙博物馆	新城区周原村大禹庙	文物		免费开放
313	陕西司马迁史记博物馆	新城区状元街北小巷 29 号	非国有		免费开放
杨　凌					
314	西北农林科技大学博览园植物博物馆	杨凌示范区邰城路 3 号	行业	二级	
315	西北农林科技大学博览园动物博物馆	杨凌示范区邰城路 3 号	行业	二级	
316	西北农林科技大学博览园中国农业历史博物馆	杨凌示范区邰城路 3 号	行业	二级	
317	西北农林科技大学博览园昆虫博物馆	杨凌示范区邰城路 3 号	行业	二级	
318	西北农林科技大学博览园土壤博物馆	杨凌示范区邰城路 3 号	行业	二级	
319	于右任思想教育博物馆	杨凌示范区邰城路 3 号	行业	二级	

备注：2017 年，西咸新区划归西安代管

主要参考文献

1. 郭荣章 . 石门石刻大全 [M]. 西安：三秦出版社，2001.
2. 王景元 . 半耕堂文集——汉中文物史迹丛谈 [M]. 北京：中国文联出版社，2019.
3. 王蓬 . 山河岁月 [M]. 西安：太白文艺出版社，1999.
4. 刘清河 . 汉水文化史 [M]. 西安：陕西人民出版社，2013.
5. 汉中市博物馆 . 汉中市博物馆馆刊（第七辑）[M]. 西安：三秦出版社，2013.
6. 汉中市博物馆 . 汉中市博物馆馆刊（第八辑）[M]. 西安：三秦出版社，2013.
7. 卢辉 . 汉中博物馆——大汉王朝的传奇缔造 [M]. 西安出版社，2020.